业绩倍增

新零售网店与实体店营销策略

杨宇 编著

化学工业出版社
·北京·

内 容 提 要

《业绩倍增：新零售网店与实体店营销策略》融合了作者和50多位"大咖"对新零售的实战经验，分别讲述了新零售机遇、爆发、受挫、转型、再出发的发展历程，辅以案例分析，娓娓道来。向读者展示了新零售的发展历程以及对新零售的展望。本书适合新零售从业者、新零售创业者、零售转型人员，以及实体店经营者、网店经营者、生鲜电商、相关企业管理者等阅读。

图书在版编目（CIP）数据

业绩倍增：新零售网店与实体店营销策略 / 杨宇编著. —北京：化学工业出版社，2020.7
ISBN 978-7-122-36004-5

Ⅰ. ①业… Ⅱ. ①杨… Ⅲ. ①零售业-营销策略 Ⅳ. ①F713.32

中国版本图书馆CIP数据核字（2020）第073487号

责任编辑：刘　丹　　　　　　　　　　美术编辑：王晓宇
责任校对：王　静　　　　　　　　　　装帧设计：水长流文化

出版发行：化学工业出版社（北京市东城区青年湖南街13号　邮政编码100011）
印　　装：天津画中画印刷有限公司
710mm×1000mm　1/16　印张14½　字数216千字　2020年10月北京第1版第1次印刷

购书咨询：010-64518888　　　　　　　售后服务：010-64518899
网　　址：http://www.cip.com.cn
凡购买本书，如有缺损质量问题，本社销售中心负责调换。

定　　价：58.00元　　　　　　　　　　　　　　　　　　版权所有　违者必究

大咖推荐

王跃林 | 联商网CEO

从超市从业者到零售行业的记录者、传播者。作者对零售有着细腻的观察和思考、独到而新颖的见解,且始终对行业保持着极大的热情,广泛且深入地接触了行业的各路创新企业及人物。

李燕川 | 北京超市发连锁股份有限公司 董事长

近几年,零售变化日新月异,作者一直在亲历并见证着行业的发展,尤其是近几年的快速变革。本书通过大量的案例和作者的思考,让我们了解了近几年零售行业的现状和未来的零售方向。

陈立平 | 首都经济贸易大学教授、中国商业联合会专家委员会委员、日本商业学会会员

近十年来,互联网与传统零售业的结合催生了新的零售模式。随着人口结构、家庭结构、消费行为的快速变化,以及未来人工智能、大数据、机器学习、物联网技术的深入发展,可以肯定,新零售还会不断进化,发展成新的生态。本书回顾了大变局下传统零售业界面临的问题,展望了未来新零售的发展方向,分析了这种变革对人们的影响,从新的视角提出了自己的看法,是一本很好的展望零售全景且有一定深度的著作。

周勇 | 上海商学院教授、联商高级顾问团主任

作者早在马云提出新零售之前，就在联商网操办新零售事宜，这是一本"新零售成长记录与反思集"，零售人值得一看。

陈以军 | 浙江省电子商务促进会副秘书长、浙江省数字经济学会电子商务委员会秘书长、浙商总会新媒体委员会委员

零售这两年变化很快，新零售也很火，有点让人眼花缭乱。这本书从新零售的萌芽到受挫，抽丝剥茧，叙述详细，让人对行业变化一看便懂，是一部值得推荐的好书。

潘岷 | 陕西芈图连锁超市公司总经理

大数据、云计算、人工智能，以及重构人、货、场概念的新零售呼声越来越高。在中国零售业态中，运用新零售概念、工具出现了一大批优秀的中国零售企业。书中通过大量的案例，从表象背后深度挖掘，让我们真正了解近几年新零售都发生了哪些大事、新零售的未来关注点在哪，从而对零售企业的未来提出了更高的要求。

李楠 | TMT事业部负责人

技术革命正在席卷众多产业，新零售也已经走过了几年。本书通过研究新零售发展历程中多数典型公司，深度剖析发展要素，并结合作者多年从业经验，希望零售人对未来展开思考。

序言
我的零售机缘

天下大势，浩浩汤汤，顺之者昌，逆之者亡。

——孙中山

9年前，刚刚大学毕业踏入社会的我，误打误撞选择了零售行业，以管培生的身份进入了法国欧尚超市。在欧尚的4年时间，从普通的管培生到全国部门专家，从行业白丁到资深部门经理，我学到了许多。我明白了运营一家大超市需要什么、如何采购、如何促销、如何更好地赚取毛利、如何陈列商品、如何管理员工、如何应对突发情况。

我发现，我喜欢上了零售这个行业。但此时正值大卖场行业走下坡路，自身的职业发展也陷入瓶颈。随后，我离开了欧尚超市，机缘巧合之下加入了零售行业第一媒体——联商网，得以跳出一线零售从业者的局限，从整个行业的全局角度来观察零售业。

在联商网的4年多时间，我从普通的编辑记者成长为编辑部副总编，见证了行业几乎所有重要事件的发生，采访了近百位零售从业者，其中不乏我们耳熟能详的大佬。所谓读万卷书，行万里路，看万千事。我亲历行业大事件，通过与大佬的沟通和思想的碰撞，逐步成熟起来，也逐渐形成了一点自己对零售行业的看法。

与新零售和本书的机缘还得从2016年说起。

2016年7月4日，我刚入职联商网两周的一个下午，时任联商网COO（首席运营官）的林国童先生把我叫到他的办公室。他说："杨宇，你来这里，我是对你抱有更多期望的。目前，行业正处在巨变的边缘，线上线下零售可能没有以前那么对立了，双方都在互相探索，希望找出一条可能发生的路。不如你就主要来关注这一方面吧，我们可以暂且称这种趋势为新零售。"

于是乎，我成了联商网新零售项目的牵头人。在之后的两个多月里，我们做了行业第一个也是唯一的叫"新零售"的公众号，写了第一篇关于大润发线上项目飞牛网的研究文章。文章发出后，反响很好，联商网董事长庞小伟先生就此稿单独给我发微信鼓励，一时间信心大增。

实际上，那时我们对新零售还处于懵懂的状态，还只是隐约感觉不同于以往的行业变化，实体零售在往线上突破，电商也企图找到打开线下的钥匙，一些类似于自助收银的新技术也开始小范围尝试。

真正让我思路打开，并且行业发生巨变的是2016年10月13日的下午。那天，2016联商风云会正在上海召开，杭州云栖大会也正式开幕。联商网和阿里巴巴集团董事局主席马云，在两个地方几乎同时宣布了新零售的到来，随后引发行业热议。

顺应这个趋势，在之后的4年时间里，整个零售行业发生了翻天覆地的变化。资本涌入、投资并购、新物种层出不穷，实体零售由刚开始的害怕、焦虑到冷静，电商由当初的激进到沉着，新零售由高潮到低谷，再到如今的再出发。这一切，我是亲历者，也是见证者，看到这么多企业的起起伏伏，深感顺应趋势的重要。

2019年6月初，出版社编辑找到了我，表示想出版一本新零售发展的书籍，于是才有了这本书。

本书分别讲述了新零售爆发的前夜、新零售爆发、新零售受挫、零售再出发4个不同阶段及应对方法，同时补充了这个时间段对行业产生重大影响的大事件，以及企业高管对话和新零售案例集。

本书所有案例都由笔者亲自采写。前几年的采访案例，本书对当时的预测性内容作了保留，并适当增加了现在的发展数据，以便读者对比了解当时的预测与实际发展情况。

最后，本书能够出版，还要感谢联商网领导，以及出版社的大力支持，顺祝愿购买此书的读者能进一步了解零售。

杨宇

2020年3月

特别鸣谢

笔者这些年作为新零售的践行者、记录者与观察者,与以下众多零售行业的领导、高管、专家进行了采访、沟通和交流,值本书出版之际,特别感谢他们对于新零售行业精辟深入的见解、高瞻远瞩的分析。

以下姓名与职务,以笔者采访时的为主,排名不分主次,以书中出现的顺序为主。

张陈勇 | 《零售O2O心法 招法与实战》作者
王剑峰 | 雨润集团电商项目负责人
王国平 | 联商网高级顾问团顾问
王瑜轩 | 蜡笔小新营销总监
柳世海 | 众商汇供应链管理有限公司董事长
周　淼 | 北人集团电商总经理
刘　博 | 天猫营销平台事业部总经理
张　勇 | 阿里巴巴CEO
张　晔 | 易果集团董事长兼CEO
张良伦 | 贝贝集团创始人、董事长兼CEO
王　强 | 百草味CEO
王镜钥 | 百草味联合创始人
刘　楠 | 蜜芽CEO
蒯佳祺 | 达达集团创始人、董事会主席兼CEO
张建国 | 海澜之家海外市场部总监
周　勇 | 联商高级顾问团主任、上海商学院教授
李宇欣 | "1919"品牌管理公司总经理
杨陵江 | "1919"创始人、董事长
李昌明 | 京东商城消费品事业部干货食部总经理

赵英明 | 京东集团副总裁
殷　翔 | 三只松鼠品牌总监
李燕川 | 北京超市发董事长
沈　萌 | 香颂资本执行董事
侯恩龙 | 苏宁易购总裁
陈以军 | 浙江电子商务促进会副秘书长
肖　昆 | 美团闪购赋能部总经理
王　珺 | 每日优鲜合伙人兼CFO
金光磊 | 易果生鲜联合创始人
景　星 | 京东五星电器副总裁
侯　毅 | 盒马鲜生创始人
孙为民 | 苏宁易购集团副董事长
闫小兵 | 京东集团高级副总裁、京东零售集团3C电子及消费品零售事业群总裁
应连平 | 络克（杭州）贸易有限公司董事总经理
张　华 | 联想集团副总裁、中国区消费业务总经理
林　晓 | 欧莱雅集团大众化妆品事业部总经理

目录

第 1 章 零售业变局：新时代下零售需要新出路

1.1 "一不留神"电商的线下店已经遍布 　002
1.2 颠覆传统体验，线下购物新时代来临 　005
1.3 大卖场这种业态，未来会被取代吗？ 　007
1.4 市场变了，应该如何看待渠道与商品 　013
1.5 从微信小程序看技术对零售业的影响 　018
1.6 中国零售人应该学习女排精神 　023
1.7 新零售到底对零售做出了哪些改变？ 　025

第 2 章 用户争夺战：消费者主权时代逻辑重构

2.1 消费类电子产品已经变了 　031
2.2 我们需要什么样的零售 　035
2.3 消费者主权意识已逐步觉醒 　036
2.4 构建"以消费者为中心"的价值体系 　038
2.5 做好用户导流，让商家转型更顺畅 　039
2.6 提高用户转化率，让用户愿意主动消费 　041
2.7 增强用户黏性，发展会员经济 　042

第 3 章 新零售时代：线下实体店该何去何从

3.1 实体店到底会不会没落？ 　045
3.2 实体店的困境与出路 　046
3.3 前路漫漫，实体店的突围之战已经来临 　047
3.4 实体店营销四大技巧 　049
3.5 实体店线上线下如何一体化运营 　052

3.6 未来展望：线下实体店会不会永远消亡 054

第 4 章 实体店机遇：新零售给行业带来新变化

4.1 线下线上融合之后带来的变化 057
4.2 重构人、货、场就是实体店新零售最大的变化 059
4.3 新零售对实体店的机遇与挑战 060
4.4 新零售比传统实体零售"新"在哪里 062
4.5 各大电商布局线下，实体店将重新崛起？ 063
4.6 智慧时代1：大数据助力新零售 064
4.7 智慧时代2：VR加持下的新零售别具风范 067

第 5 章 实体店转型：升级新零售模式路径探索

5.1 如今的实体店，究竟面临着哪些困境？ 070
5.2 实体零售做线上如此艰难，有这四大痛点 072
5.3 难道这才是真正意义上的永辉超级物种？ 075
5.4 京东与沃尔玛合作的上海首家专卖店开业 076
5.5 三只松鼠首家线下店盈利怎样？我们算了算 077
5.6 天猫新零售体验馆亮相，或是未来5~10年的零售场景 082

第 6 章 新零售爆发：零售下半场之战开始打响

6.1 新零售的今生前世，你真正看懂了吗？ 086
6.2 要看懂中国电商，先要看懂4个关键词 092
6.3 这就是10位电商高管眼中的行业下半场 096
6.4 请回答"双十一"，那与"双十一"相关的普通人们 100
6.5 "双十一"出海，我国电商模式开始走向世界 105

6.6　2019年春节年货市场与以往相比有何变化　　　　109

第 7 章　新零售困境：发展受挫引发行业新思考

7.1　2018年电商消亡名单背后的趋势引发思考　　　　118
7.2　全面改造更名，从此再无"万达百货"　　　　121
7.3　百草味返回线下，"零食优选"首家店开业　　　　122
7.4　无人货架要凉了！果小美融资失败要"翻船"　　　　125
7.5　小米上市股价跌破5%，后面排队的准备好了吗？　　　　128

第 8 章　零售的未来：调整零售模式再一次出发

8.1　零售业的未来，从一个无人咖啡屋说起　　　　132
8.2　阿里的新零售搞得怎么样了？　　　　134
8.3　集体"卖菜"背后：新零售迭代至2.0？　　　　138
8.4　无人微仓发布，前置仓模式进入2.0时代？　　　　142
8.5　淘宝上线"淘小铺"，左手供应链右手小B　　　　145
8.6　天猫旗舰店升级，全面开启2.0升级计划　　　　148
8.7　每日优鲜与腾讯合作，计划2021年达千亿规模　　　　152
8.8　年销售480万单，雪莲果＋电商"拼"出新模式　　　　153

第 9 章　新零售对话：大佬们和他们的零售思维

9.1　京东集团副总裁赵英明：确定与不确定的零售　　　　157
9.2　银泰商业CEO陈晓东：新零售要做到"三通"　　　　160
9.3　大商集团总裁刘思军：新零售要重塑消费者心智　　　　162
9.4　苏宁易购总裁侯恩龙：电商新零售下半场看自营　　　　165
9.5　易果生鲜金光磊：告别生鲜电商，做新零售赋能者　　　　168

9.6 五星电器副总裁景星：下一个五年专注为本，创新为魂 170

9.7 盒马鲜生创始人兼CEO侯毅：现在的盒马鲜生只有70分 174

9.8 苏宁云商副董事长孙为民：新零售就是互联网时代的零售 177

第 10 章 零售大事件：那些影响行业格局的变化

10.1 国美电器为了新零售要改名成"国美零售" 181

10.2 京东与五星电器战略合作，让行业站队再加码 182

10.3 苏宁易购出资48亿元收购家乐福中国80%股份 186

10.4 多点Dmall与中百集团战略合作，双方谋划大事 189

10.5 美团点评王兴组建大零售事业部，聚焦生鲜零售 191

10.6 百度外卖更名"饿了么星选"瞄准高端餐饮外卖 192

10.7 苏宁与大润发联盟背后，是阿里系对标京东的阳谋 195

第 11 章 新零售集锦：从案例中探寻零售新策略

11.1 大润发优鲜开业，上海新零售卖场战局再起 199

11.2 苏宁体育集团旗下首家苏宁彩票智慧门店亮相南京 203

11.3 丁磊再次加码线下零售，网易严选首店落地杭州解百 204

11.4 盒马鲜生落地杭州，首次同时向5家传统大卖场开战 208

11.5 卡西欧开了首家智慧型门店，把天猫专卖店搬到线下 210

11.6 首个天猫汽车无人贩卖机落地广州，买车就像买可乐一样 213

11.7 联想首个新零售门店智生活开业，会成为行业独角兽吗？ 214

11.8 首家京东欧莱雅无人快闪店亮相，这将是京东无人店的桥头堡？ 217

第 **1** 章

零售业变局：
新时代下零售需要新出路

本章主要讲解新时代下零售行业的新出路，从市场到业态，从经销商到供应商，从渠道到供应链，为大家展示的不仅仅是新零售与传统零售的区别，还有商海浮沉的往事、闻名遐迩的企业家，以及中国零售行业几十年来沧海桑田般的变化。

1.1 "一不留神"电商的线下店已经遍布

电商以其相对低廉的价格以及方便快捷的物流服务受到广大消费者的喜爱，逼得实体零售到处寻求转变——到线上开店，苦苦挣扎于技术，陷入缺少互联网基因的痛苦中。

在互联网浪潮席卷和电商平台的冲击下，实体店大多显得疲惫不堪，而就在人们认为实体店已经走向末路的时候，越来越多的电商却开始布局线下。接下来，我们就来看一看有多少电商开始转向线下。

（1）京东系

京东帮服务店：首家京东帮服务店在河北省赵县正式开业。京东帮服务店是京东大件商品配送渠道的扩展，并提供配送、安装、维修和营销四位一体的综合服务。

京东家电专卖店：2016年3月1日，时任京东集团家电事业部总裁的闫小兵宣布，京东家电将通过加盟的方式，在全国各村镇开设京东家电专卖店。截至2019年年中，京东家电专卖店已在全国开设1万多个门店。

京东大药房：2016年5月，首家自营京东大药房正式开业，其中非处方药可直接在线购买，由京东大药房负责配送。一位业内人士透露，京东大药房线上日销售单量已经超过1万单。在2016～2019年，京东大药房药品品类收入年复合增长率超过了300%，在京东业务中名列前茅。

京东母婴馆：2015年3月29日，京东首家母婴体验店在北京市朝阳门外的悠唐购物中心正式营业。京东母婴体验店没有直营店铺，母婴店铺的所有权和经营权均属于其合作伙伴，京东会按照自己的管理模式对店铺运营进行有效指导，并将LOGO（微标）授权给合作方。

2015年2月14日，京东全国首家综合服务中心在山西太原正式运行，该综合服务中心是京东依托自身3C产品优势在线下渠道建立的实体店面，它集电脑数码产品展示和试用、到店自提、售后维修等功能于一身。2015年4月29日，京东在北京的首个智能娱乐体验馆"JD SPACE"在蓝色港湾商业区建立，可以为消费者提供线下的智能硬件、视听、游戏互动类设备等产品的体验。

2019年，随着二孩政策的开放以及新生代父母和家庭数量的增加，推动了婴儿食品线上销售比例与日俱增。作为中国两大电商平台之一的京东，业内人士表示：京东2019年婴儿奶粉销量大涨，并与线下的京东母婴馆形成了联动。

京东7FRESH：2018年年底京东旗下的生鲜超市——7FRESH第一家店正式开业。该店位于北京亦庄大族广场，营业面积在4000平方米左右。7FRESH店的经营模式类似于盒马鲜生，即餐饮+超市，生鲜品类占整个门店品类总数的75%。此外，店内新鲜的海鲜、牛排等可以进行现场加工，让用户享受即买即吃的服务。截至2019年年底，7FRESH全国门店数量达到22家，还衍生出七鲜生活等多种业态。

（2）阿里系（阿里巴巴简称阿里）

淘宝会员体验店：首个淘宝会员体验店落户广州南站。阿里巴巴集团旗下的很多创新业务和产品都出现在了体验店中，包括淘宝、天猫的新业务体验，以及天猫魔盒、移动支付等内容。该店分为品牌交互区、互动体验区、餐食体验区、时空穿梭区以及会员休闲区。

盒马鲜生：2016年1月15日，第一家盒马鲜生在上海金桥国际商业广场开业，主营生鲜，会员只能用支付宝结账，也可以在该店5公里范围内通过APP（手机软件）手机订货，半小时送货到家。根据官方最新数据显示，盒马鲜生单店日销量超过80万元，并且线上订单数已超过线下，客单价在70元左右。截至2020年年初，盒马鲜生全国门店总数超过200家。

（3）淘品牌系

三只松鼠：2016年6月，三只松鼠安徽芜湖的首家体验店装修接近尾声，此时通过线上旗舰店预约进入体验店的粉丝数已经突破2500人，同年9月30日，首家体验店正式开业。截至2019年12月25日全国已有228家松鼠小店开业。

另外，因淘宝起死回生的十月妈咪，如今也加大线下投入，膜法世家、御泥坊、阿芙精油等淘品牌也纷纷开出实体店。

（4）红孩子

2013年9月，红孩子首家实体店在苏宁朝阳Expo超级店落户；2016年1月，苏宁宣布，对旗下母婴品牌红孩子的组织架构进行调整，成立独立的线下连锁公司，将线上渠道和店面独立运营，并再开设50家自营实体店。截至2019年年初，红孩子门店已达到134家，线上线下同步引入优质服务商户。

（5）当当

2015年12月，当当宣布第一家线下实体书店梅溪书院将进驻长沙步步高梅溪新天地；2016年4月，当当入驻上海长宁缤谷广场。时任当当网助理总裁的张巍表示：当当打算做的实体书店其实已经不是传统意义上的书店，而是一个文化综合体，形式涵盖MALL（购物广场）店、超市书店、县城书店等多个类型，既丰富体验，又融合线上线下。截至2019年年初，当当实体店会员数量从2016年的2万增长到了20多万。

（6）小米

2015年9月12日，首家小米手机商城体验店在北京当代商城开业，推出"面对面"服务、全系产品现场购以及新品线下同步首发等特有服务，大宗商品可付款后快递上门。2016年5月，小米在上海大悦城开出第二家小米之家。雷军说，他们将会保持每个月开5～10家的速度，2020年内做到全国1000家店的规模，但坚持要自己运营，不加盟和不挂牌。截至2019年12月，全国小米之家线下终端已超过6000家。

由线上铺到线下，电商品牌试图寻找自己新的盈利增长点。互联网对需求满足的滞后性给了传统零售机会。如今，在线上流量获取愈加困难之际，抢滩线下不失为电商企业的最佳战略。未来会有越来越多的线上企业落地（指开实体店），不可否认，线上企业落地后并不能一帆风顺，需要克服各种"水土不服"，结果如何，我们等待时间的检验。

1.2 颠覆传统体验，线下购物新时代来临

南京市民吴女士计划利用国庆假期，和女儿一起逛街并添置家电。近几年，与这种想法一样，选择在节庆促销期购物的家庭有不少。"能够享受到商家的大力优惠，又能和亲人享受天伦之乐。虽然现在网上购物也方便，但电器等重要物品，还是线下逛逛放心。"吴女士表示。

数字化时代已经到来，购物渠道也有了很大改变，但大多数消费者依然表示将继续在实体店购物。来自尼尔森的一则调查报告显示：实体店并不会在短时间内被电商取代。放心、便捷还是消费者考虑购物方式的重要维度。随着苏宁易购等各大企业的不断出新，传统节日人员拥挤、价格不具优势的实体店，已经开始连接线上线下颠覆旧貌，并借助新科技及互联网优势，让消费者拥有更好的线下购物体验。

（1）全业态多方位融合，着眼消费者体验

尼尔森的调查报告表明：虽然线上购物有很多好处，但实体店也拥有自己独特的优势，特别是对于那些流动性较大的消费品而言。而中国大多数受访者表示，线下购物是一种愉快的家庭外出活动，另有67%的受访者认为非常享受在实体店购物带来的愉悦和满足。

"现在国内的实体店，可以通过店内线上服务、云购物等方式为消费者带来轻松、方便、个性化的体验。"苏宁易购市场相关负责人表示。

例如消费者踏入商店，在超市采购完食物后，就能够走进电器区，了解有

哪些烹饪、保存食物的好物品，而如果消费者除了采购必需品之外，还想把钱袋里的资金打理好，那么商场的理财顾问就派上用场。

万达在合肥斥巨资打造万达城，而苏宁也精密规划，将南京苏宁清江广场变身为集家电、母婴、超市、美食、VR（虚拟现实）体验馆、金融等吃喝玩乐购一站式的休闲娱乐购物云店，足可见针对现代消费者的心理及购物特点，商家提供便捷的全方位的服务已经不是一件可有可无的事，因为这将在很大程度上延长消费者的停留时间，提升参与程度以及客流量。

目前，传统零售商也尝试将O2O服务与实体店融合，增加后者的价值和意义，使店铺成为消费者获得新体验和进行社会活动的场所。

（2）"十一"黄金周：VR互动、数字技术袭来

即使是在实体店铺内，零售商也逐渐利用线上服务来提升营业额。比如，通过线上和移动终端的优惠券、购物清单，下载零售商或者会员APP，扫描二维码获取更多信息，Wi-Fi在线支付等数字技术在店内应用。"十一"黄金周等节假日时，玩法则更多。

与此同时，VR等虚拟技术也正式进入消费者视线。现在的消费者随时都希望亲身体验世界，在互动时增强"代入感"。苏宁易购就将新技术与线下结合，旗下首个新奇特产品独立零售品牌——新奇特"YOUQU优趣"进驻清江广场苏宁云店。

优趣线下以新奇特、VR体验为主，汇聚全球最新的各类VR产品，如HTC VIVE、Oculus Rift等世界知名VR产品。为了提升消费者的体验，优趣还设立体验馆，现场参与7D狩猎、熔岩危桥挑战、VR影院、VR搏击等，消费者觉得合适即可下单购买。数据显示，仅首日优趣就吸引5万余名体验者。

"在零售业激烈竞争的环境下，零售商和生产商完全可以通过新技术辅助工具帮助消费者提升购物体验，也可以实现自身潜在销售额的提升。"业内专家表示。在这个过程中，在店内使用线上工具，加强互动，往往可以帮助消费者感受到比纯线上更愉悦的购物体验。

接下来的购物消费,线下结合线上、母婴美食休闲全方位、VR体验等一系列新的实体购物模式将不断丰富消费者的生活,也让各家企业整合营销资源、思考更新颖的活动成为可能。2019年的"十一"黄金周,随着购物云店及虚拟视频的出现,消费者获得了前所未有的体验,而零售商、电商们势必也会延续线下商业发展的需求,在产品、服务、价格上展开更多元化的竞争。

● 1.3 大卖场这种业态,未来会被取代吗?

线上超市未来几年会对实体超市有很大影响,天猫超市计划三年做到千亿元,京东超市计划二年到千亿元。大卖场这种业态,未来几年会被取代吗?联商网的新零售顾问团组织了一场大讨论。

(1)主持人:云阳子 时任联商零售研究中心副主任(提问)

天猫超市对实体超市的影响很大,基本思路可能是联合社区超市,取代大卖场!请问,大卖场这种业态,未来几年会被取代吗?

(2)嘉宾1:员外 大型电商公司O2O运营专家(回答)

电商平台要的是市场份额,结果可能是部分品类占据TOP(电商术语,可理解为"消费榜单前几位")。在组织上,电商平台开始城市仓布局,一部分满足部分用户在计划性需求上的内容,这些品类主要就是让不想去大卖场的用户也知道大卖场是什么,还有一部分可标准化的食品、生鲜。整体来看,城市仓还是B2C(商家对客户)仓配的方式。

线上做的是标准化产品,解决一部分需求,然后慢慢培养用户习惯,再把这个品类扩大,通过城市仓组织,用快递单点送到用户手里,而大卖场不一样,渠道将产品下发到大卖场后,大卖场利用自己的人和时间辐射3~5千米,以这种形式满足了部分人一站式购物的需求。

但是,我们的收入结构已经发生变化,大家的需求也开始分层。电商就是切入一部分需求,把原来需要去大卖场的东西转移到电商来。像食用油、卫生纸这种标准化的东西已经不需要去大卖场体验,而蔬菜等需要亲身体验的东西,还是要去大卖场、超市等逛逛。

现在大卖场的品类结构和线上品类结构有很多重叠,从客群和品类上看,大卖场已经有很多部分被线上取代,变成了周末人们去玩玩的地方,特别是对75后、80后和90后来说。

从2016年起,阿里开始在一二线城市新布局大型仓库,联合已有的城市仓布局,完成当日达或次日达的需求。不过目前还是仓配模式,能做到的是单点的配置,跟社区结合尚没有那么紧密,这也许是下一个层次的目标。

接下来,大卖场的租金和仓的租金差不多高,用户对常规品类不一定去大卖场解决,在家里也可以购买。大卖场的空间功能将会变成仓储功能,大卖场的数量会下降,一部分品类也会被压缩。

当然,在不同级别的城市,大卖场的功能是不一样的,快消品加生鲜的价值还在,电器等大件商品因为有商场的信用背书,在相当一段时间还是应该存在的。三四五线城市,在相当长的时间里,大卖场的作用还是比较显著的。二线城市,大卖场基本不会在市中心选址,原有的市区门店也大多因坪效达不到而陆续关店。一线城市需求分层明显,大致分为便利性的需求、品质性的需求、计划性的需求。

曾经大卖场里驱动客流的生鲜,现在基本可以拿出来放到社区标超(标准超市)门店了,这并不是大卖场和电商能很好解决的问题。人们开始考虑时间成本,不会为了便宜五毛钱就浪费多余时间,顾客会选择便利的门店,省下时间来做别的事情。

天猫超市若是能做到一个城市分布3～4个仓库,能够做到2～3小时送货上门,联合社区超市满足顾客日常需求,那么它可以取代大卖场了。

（3）嘉宾2：张陈勇 《零售O2O心法 招法与实战》作者（回答）

我和一些连锁超市决策者交流过，他们普遍认为网上超市大战对自己影响不大，因为网超（网上超市的简称）的招法是补贴投入，其效率和成本竞争不过线下超市，已经牺牲了这么多生鲜电商和网超玩家，天猫超市、一号店的模式和以前的网超没有什么不同，快消品注定是线下超市的地盘。

我认为，目前来看，网上超市效率的确低于实体超市，仅每单20元的配送包装成本就注定网超玩不过实体超市。但网超未来发展路径可能会改变，从现在的"中心仓配送"进化成"同城专用仓＋店配送"，从而能在成本效率上和实体超市竞争，成为零售业态的颠覆者。

众所周知，快消品零售竞争力的核心是成本、效率和体验。为什么超市是目前最主流的零售业态，为什么原始的菜市场还占据60%的生鲜市场份额，因为它们具有成本效率优势，大卖场平均毛利率20%左右（前台＋后台），纯利3%左右。也就是说大卖场用17%的运营成本完成了快消商品零售过程，而网上超市怎么算，运营成本也难以低过线下超市。

网上超市的成本由配送（含仓储）、包装、推广、运营等几部分组成，某网上超市客单价120元，每单商品数量8～10件，其中液体商品需要防撞包装，需要填充，方便面、饼干、饮料等商品单价低、重量大、易破损，如果由中心仓配送，经过分拣和包装，成本很难降低。天猫超市采用的落地配送要保证当日达或次日达，要送货到户，成本高于普通快递。还有推广引流成本也不容忽视，背靠淘宝巨大流量的天猫超市在推广上也投入不少。

网上超市运营成本随销量的增加，占比会下降，天猫超市仅一百多人的运营团队，所以网上超市主要成本是推广和配送包装成本。网上超市的突破口关键在于降低推广和配送成本，使用"同城专用仓＋店配送"代替网上超市目前采用的"中心仓配送"，这或许能大大降低配送包装和推广成本，也许这才是网上超市颠覆线下超市的模式。

所以，归纳总结，我有几点看法。

① 如果天猫超市、京东超市还是保持现在的模式，那么不可能取代大卖场，因为目前网上超市的运营成本和效率不如大卖场有竞争力，大卖场用17%的成本完成商品销售过程，而网上超市仅履单成本就高于20元/每单。

② 网上超市的成本有较大的优化空间，模式可能进化，如果订单密度进一步提升，有可能从目前的中心仓发货变成同城专用仓加店配送，在订单密度高的区域结合线下门店，达到1＋1大于2的效果，此时网上超市的成本效率可能比大卖场更有竞争力，能真正对大卖场造成巨大冲击。

（4）嘉宾3：王剑峰 雨润集团电商项目负责人（回答）

我们的议题是大卖场未来几年会被取代吗？这等于是问"卖场还能活多久？"我的观点是卖场行业急需转型升级，否则活不久。

中国有14亿人口，网民有六七成，网民中有网购经历的人占七成，网购中用手机购买的占九成，用手机购物的大约6亿人。2015年，到店消费与到家消费的比例是1∶5，2016年比例是1∶4。从2019年的数据来看，虽然一线城市网民到店业务意愿高于到家业务，但从杭州的数据来看，到2020年可能是1∶1。

目前超市要解决两个问题。

一是客户问题。客户去哪了？回答是客户在床上。客户点点手机，可以买到任何东西。客户在床上，是互联网时代的新常态，卖场必须适应。

二是商品问题。商品全球化进程飞速发展。

卖场困难很多，除了来自电商的冲击，还有来自便利店、餐饮特色店、零食店、海鲜店、水果店等细分行业的销售额分化的冲击，房租及人员成本负担带来的后撤落后也制约了卖场发展。东南亚水果、澳洲牛羊肉、法国红酒、智利车厘子、加拿大龙虾、阿根廷红虾、智利白虾、德国原装婴儿奶粉、瑞士名表，以及俄罗斯大马哈鱼、金枪鱼等，这些都可以通过网络购买。春节时，甚至春联和福画都是从网上买的。

线上线下最终会找到平衡，或许是1∶1，或许是其他比例。这需要看线上线下对各个品类的效率和平衡。1∶1这个比例，对于网络来说还是有巨大空间，对于卖场存量就是痛苦的收缩。我们看到天猫超市要做1000亿元，我曾去阿里学习，我认为他们可以做到。如果做到1000亿元，天猫超市可以超过华润，也可以超过大润发，可以变成卖场第一名。

综上所述，我认为，卖场竞争将变得非常非常激烈和复杂，整个产业需要进行互联网化的产业升级。

（5）嘉宾4：王国平 联商百人荟成员（回答）

个人觉得影响不大，一二线会升级运作，以永辉为例，它采取的是红标升绿标的模式，同时绿标会融入餐饮等业态，更契合一二线客群的需求。部分无法适应市场的产品也会被调出一二线卖场，实现重新组队，改变以往卖场一成不变的简单复制。

虽然永辉绿标店还未实现盈利，但这种玩法会不断增多，包括花店、洗护店、彩票店等，都可能成为卖场新的合作伙伴。新的业态进入卖场进行组合后会不断降低租金成本，甚至产生利润，卖场玩法还是很多的。

一二线卖场跟电商会进行新一轮客群分割，各取所需。下线城市（可以理解为原本经济比较发达的城市，现在经济欠佳，被别的城市超越）卖场空间仍然巨大，一些卖场继续下沉下线城市，整体业绩表现还是不错的。卖场受影响较大的基本是一些管理层老化的企业，这些属于企业内部问题，与电商关系不大。大家可以看到近年来卖场呈现出来的是强者恒强的局面，一些无法跟上节奏的卖场会被竞争卖场贴身逼抢，基本死于行业洗牌。

（6）列席嘉宾补充发言

观点一：双线都有巨大的成本压力，关键点在网络爆发力，未来综合、融合、消化成本，提升效率的优秀者会赢！

观点二：线下的危机在于成本和自己变化不足，外部分流之下，有出但少进，效率危机大！目前在人工成本增长、租赁成本过高、品类分化、渠道分化的情况下，客流量下降大，成本收益剪刀差问题突出，物业效率不足，线下招商、供应商后台费用两大盈利源受冲击，前台毛利面临低毛利的问题。

观点三：大卖场还是有自己的优势，物理商圈居民充足，有一定的生存空间！大卖场自己也会不断进行成本结构调整，在物理商圈范围内，它不是一成不变的。我认同大卖场会缩小超市面积，以提升便利性和服务内容，很多超市学习盒马鲜生，有限地扩大泛商圈，进而提供天猫超市和京东相同的物流交互体验。但目前有心智影响、线下的物理及实物体验表现比较差的问题，比较难有系统性提升，但是方向是正确的。

观点四：线上两个"大佬"无疑有平台黑洞效应存在，所以从市场份额、消费者的选择、流量变现生态圈这几个角度来说一定是有优势的，对零售的影响也肯定是存在的！

观点五：线上对线下超市影响是线上整体完成的，不单单是京东和天猫超市！天猫超市的影响是对商业零售整体的影响，或者说天猫超市、京东对抗整个大卖场时，它们增量是有的，但是把整个大卖场业态杀死很难。

观点六：核心可能是企业给顾客的消费价值和体验的问题。商业，从来都是优秀者生存，适合消费生活方式者生存，不是业态生存的问题。

（7）主持人总结

综合以上嘉宾的观点，大致可以从几个角度看。

① 从商业地产和城市角度看，未来几年一二线城市大卖场会很麻烦，三四五线城市大卖场还有机会。

② 从消费者角度看，便利性需求越来越高，价格敏感度越来越小，这意味着社区超市和网上超市未来会更好，而大卖场的未来会有点迷茫。

③ 从竞争角度看，专业店和社区超市一直在瓜分大卖场的市场，现在又来一个网上超市，而且摆出一副打价格战的高调姿态，大卖场在未来几年的竞争压力是高度加剧。各位业内行家有一点高度统一：大卖场这种业态必须优化，甚至要转型。

1.4 市场变了,应该如何看待渠道与商品[1]

近几年,受宏观经济环境、消费市场变化及电商渠道的影响,一些品类在终端市场的表现发生很大的变化,有些品类出现增长,有些品类则出现较大的下滑。面对这些情况,有些品牌厂家开始对渠道进行调整,在扩大直供、发展经销商或者是利用电商的批发新渠道上进行选择。

(1)主持人:鲍跃忠 业神创新顾问(提问)

今晚探讨的课题非常重要,从如今的情形看,这个问题是比较迫切的。目前零售业大环境已经发生了很大的变化,这个变化开始影响我们的商品组织。具体表现在三个方面。

① 商超(商品超市的简称)便利店的品类增长少。与此同时,品类下降很多,已经影响了厂家的市场策略,如宝洁对已经操作很多年的深度分销策略做了调整。很多企业因业绩下滑,减少了对市场的投入,厂商也随之缩减了对市场的投入。

② 终端市场的销售不景气。由于资金问题,经销商队伍陷入了水深火热之中,并且对新品牌比较谨慎,甚至一些经销商已经开始退出队伍。零售终端关系紧密的经销商的状况暂无改变。

③ 批发电商风生水起,以中商惠民、掌合天下、阿里零售通、京东新通、易酒批、阿里1688等为代表的电商批发企业发展较快,并在一些品类上形成优势;有些电商公开打出要成为零售店的供应商的旗号,大有取代线下代理商的趋势;另一些厂家开始重视线上批发电商渠道。当然,也有如怡亚通等厂家,正在做线下整合。

---

[1] 本篇内容来源于联商网新零售顾问团组织的一场关于"快消品高管如何看待渠道与商品"讨论。

以下是厂家、经销商、电商、商超四方代表一起讨论这个话题。

（2）嘉宾1：王瑜轩 蜡笔小新营销总监（回答）

近几年（2016～2019年）休闲食品出现了整体的双降——营业额和利润率整体下滑。原来很多企业采用的高质低价的策略大多受阻了，通过价格的竞争来获得更大市场的方式似乎有点失效。

我总结了下原因：如今，消费者购买的渠道选择更多样化，2016～2020年网上渠道依然会持续增长，2020年规模可达到1646亿元，在这种冲击下，大卖场系统步履维艰。我们在湖南、湖北的二三线城市的大卖场系统倒闭的非常多。我们在湘潭的一个客户做三家系统，之前一年有600万元的生意，到第二年上半年两个系统倒闭，如今只有200万元的市场份额。受电商市场的挤压和传统零售大卖场的高额费用的影响，加上销售不景气，经销商感到无所适从。

传统流通渠道因没有账期和能够快速回收现金流的特点，让经销商视之为利润的源泉，如今人工成本、原材料、能源费用的成本增加，导致经销商对传统流通渠道颇感苦恼。

今天的话题是随着互联网大平台对批发渠道的介入，各方应怎么应对的问题。厂家在未来的渠道变化中就不需要经销商了吗？我认为，在未来相当长的时间内，我们生产企业还是要依托经销商的，还是要和经销商紧密拥抱的。只有抱团才能共同面对这种渠道的变革。

我说下我的理由：我在某食品公司的时候主持过公司的天猫旗舰店上线，也召开过全国16个大型线上批发客户的会议，但最后的结果是亏损。原因很简单，线上大平台把你请过来之后，带来的费用盘剥比线下的零售巨头沃尔玛、家乐福、大润发等更严重。

作为厂家，如果天猫和京东通过批发的方式来跟我谈代理的事情，我一定会拒绝。因为可能刚开始他们会给你更多的优惠和补贴，但是介入之后，企业会面临更加严重的风险。

消费者沟通层面也发生了巨大变化。之前我们的快消品更多的是采用电视媒体、硬广等模式与消费者沟通宣传。对于现在的消费者，这种硬广的模式已经没有太多效果，更多是需要互动式的沟通，把更多的年轻人变成忠实的消费者。

在很长一段时间里，企业的媒体宣传可能需要尽快地转变思路，特别是休闲食品企业，需要跟年轻人加强沟通，才能真正有效地把消费群体牢牢地捆在身边。

休闲食品销售方式也在改变，现在更多的是叫休闲食品的道具化。以果冻和糖果为例，我们单单将果冻和糖果放在货架上是很难销售的，但是如果把产品装入特别的盒子或者卡通造型的道具里，往往会产生非常好的效果。增加休闲食品对顾客的附加值是未来休闲食品的一个趋势，不但好吃，也要好玩。这个趋势应该能给我们的厂家和经销商一个启发。

（3）嘉宾2：纪圣杰 可口可乐山东大区总经理（回答）

关于讨论的问题，我主要有以下观点。

① 终端的趋势和创新。大卖场受电商影响会加大，特别是在一二线城市，本身同业态之间竞争就激烈，再加上电商影响，会分散客流，大卖场和超市的生意会有持续的影响！

我认为，企业要有生存空间必定通过创新和优胜劣汰！小业态会有较好的发展，便利店是发展趋势，但是要有规模和营业模式的转变。例如，便利店要转变传统的以零售商品为主的销售模式，附加以服务为转变的创新，包括餐饮、金融服务、网络服务等方面的完善！更好的方向是作为电商的终端服务点，大的系统可以和电商、品牌合作，在市场竞争中取得生存之地。

② 消费者的购物变化。随着生活节奏越来越快，时间对消费者来说越来越宝贵，不管是当老板还是打工，时间越来越不够用了。要在有限的时间内满足生存的需求，大家会选择更便捷、更省时的消费模式。在这个背景下，网络购物有了更积极的消费模式背景，不仅有价格优惠的基础，更重要的是有便利、省时的优势。

（4）嘉宾3：李勇 景芝酒业市场总监（回答）

从厂家角度来说，厂家可分为全国性厂家和区域性厂家。在之前的快消品黄金十年，大家的渠道侧重点不同，有的以KA（Key Account的缩写，意为重要客户）渠道为主，有的以传统渠道为主，有的甚至以乡镇渠道为主，还有一些以酒店和特殊渠道为主。然而，随着移动端、便利店的渠道变更，各厂家有了新的侧重点。

虽然现在大多数厂家还是求稳的，在保证固有渠道的基础上开始寻找新的突破口，但事实上厂家市场部门、广告部门，包括经销商都很彷徨。加之他们的考核都是以年度为期，很难有坚持3~5年的营销策略。因此，在营销上各厂家都是在阵痛中摸索前进。

然而，大型电商平台的出现扰乱了厂家的视线，导致厂家在思考与B2B（指企业对企业）电商平台合作后，在不影响存量的基础上寻找增量。某些厂家直接针对消费者的购物场景，把线下流量往线上拉。这些都是走在变革前列的厂家，在不影响存量的基础上自救。也有一些企业，在保持本地市场的基础上，试探性地运作一些互联网项目，也尝试往周边特殊渠道释放增量。总的来说，厂家都在坚持优势的基础上，寻找新的增量。

从经销商角度来说，快消品行业有特殊要求，快消品是一个人力、资金、时间密集的行业，他们需要花很多时间完成各区域组织构架、物流系统、关系打理，因此，经销商环节在未来相当长一段时间是不会消失的，除非新增的互联网品牌也开始下线，如百草味、三只松鼠等。

当前的经销商比较困惑：如果做KA渠道，费用居高不下；如果做流通渠道，人力成本又比较高。综合看，经销商主要面临库存、资金压力。年销售超过2000万元的经销商代理的是有影响力的品牌，他们在经销商队伍中有话语权，渴望联合同样级别的经销商做一些事情，例如进行统仓统配，运用政府政策做电商，但是因为技术、利益诉求的不对称，导致他们的合作很难达到完美效果。

年销售额低于2000万元、在区域有一定影响力的经销商，代理一些稍有影响力的品牌，他们在匆忙间可能加入了很多互联网公司，也想通过互联网寻找增量。这部分经销商选择的电商平台没有根据自己的状况寻找相匹配的增量，而是普遍撒网，效果不明显。

B2B电商都是跨界"打劫"的，如果当地经销商不配合，那么他们就会选择外地调货与当地经销商打价格战，抢占市场，让当地的流通渠道认可自己的电商平台，从而压缩当地经销商的市场份额。

还有一些经销商坚决不用互联网公司，还是采用自己以往的模式，步步为营。这些经销商对行业的看法很有信心，而且他们的团队管理很好，自己的下游对自己代理的品牌忠诚度很高。

总体来说，经销商在库存消化、售点管控、业务员管理上都没有放弃，一直在摸索中前进，特别是在重大节假日上，各个经销商的信心都还在。

从零售店铺角度来说，这部分店铺主要是夫妻店，还有渴望自由的年轻人开的店。他们对扩张没有欲望，分布在城市的各个角落，他们是B2B电商平台的下一个首要目标。这些店铺老板的手机上装有不同平台的APP，他们对价格的敏感度较高，不管是经销商渠道还是互联网渠道，谁的价格低，就进谁的货。经销商要想还跟以前一样很容易跟他们建立送货联系，就需要在价格的基础上增加更多附加值。

从厂商和经销商的关系来说，他们在商品上会达成共识，要在自己本地达成大单品战略和炮灰产品战略，也要分析本区域单品的主要渠道，集中力量进攻一点。在终端环节上，双方要互相放开、互相了解，做好配合。

（5）嘉宾4：柳世海 众商汇供应链管理有限公司董事长（回答）

我是糖果和巧克力的代理商，因厂家要求不断增加任务，不管控窜货，代理商在利润不断下滑中经营，对市场维护也跟进不了，可以说现在流通市场是一片狼藉。我感觉品牌要做得长久，就要以"百年品牌"来运作，让代理商有客观利润来维护自己团队的正常运作，还要让社区店有足够利润来维护自己商店的各种费用，否则厂家拼命给代理商塞货和让终端商超压货，最后导致市场

"陈货"堆满,害了代理商,也害了自己品牌。

大家回顾一下,很多品牌退出一些市场,就是因为塞货过多而引起的市场反弹。现在电商价格搞得很乱,对于代理商接新品很棘手。消费者一扫码发现社区店价格高,就说店老板太黑,搞得店老板也不想接受新品牌,这提醒厂家也要注意线上线下价格。总之,"物美价廉"是做学校店和社区店的根本,稳定的零售价和商店供价是根本,只有这样,才能让代理商和店老板跟着厂家向前走。

(6)主持人总结

综合嘉宾们陈述的内容,我们总结为以下4个观点。

① 终端商超企业要对渠道变化高度敏感,把握变化趋势,及时采取应对措施。

② 要加快做好供应链整合,与厂家、经销商紧密配合,形成一体化经营,降低环节之间的协作成本,共同努力做市场、提效益。

③ 终端商超企业要及时把握品类变化趋势,及时做好商品调整,做好商品开发,克服品类变化对经营的影响。

④ 要及时适应渠道多样化的变化趋势,了解、研究电商批发新渠道,并在商品组织上及时开发新渠道、新商品。

1.5 从微信小程序看技术对零售业的影响[1]

微信推出小程序之后,引起广泛关注,联商新零售顾问团组织业内高管结

---

[1] 本采访写于2017年,到2020年1月9日,微信公布小程序数据显示,2019年小程序日活跃用户超过3亿,累计创造8000多亿元交易额,同比增长160%。自2017年1月微信小程序上线以来,截至2018年7月,微信小程序数量已突破100万个。与前两年相比,2019年的小程序,正在发生更多的质变,也给零售业带来了新的变化。

合小程序这个问题，谈谈小程序和互联网技术对零售业带来的一些改变。

（1）嘉宾1：张国宏 百联集团电商副总裁兼信息管理部总经理

我觉得微信小程序对市场而言是好事情，会推进商业更加快速向全渠道模式转变。但是依我判断，它对小店更加有利，对大店则可能负面影响多一些，有以下几点理由。

① 无论何种生意，移动端一定会成为生意完成流程中不可缺少的环节。也就是说，现有的全渠道模式或多或少地嵌入生意之中。

② 大企业有技术能力、资金实力、组织能力搭建并运营APP，小企业则相对差许多，技术供给可以让小企业更得利。

③ 虽然大企业的生意引人注目，但数量更多的小生意却是生态系中最关键的，而现在市场上存在着众多没有被有效供给的细分需求。

④ 大生意着重于构建平台、聚焦资源、形成流量；小生意却更需要人与人之间的关系来滋养，也就是说小企业的生意，对社交性要求更多，这是微信最擅长的领域。

因此，2017年微信推出的小程序，可能会让小型企业获得一个非常合用的工具性平台。但是大企业不会马上跟进，并且大企业会担心，这么轻的应用，能不能承载如此繁重的业务，比如超市之类。❶

（2）嘉宾2：云阳子 联商新零售顾问团秘书长

微信小程序对零售业的影响，我主要从技术角度来阐述我的观点。从技术角度来看，主要有两个大飞跃。

一是小程序实现了跨平台，并且跨平台开发成本大幅降低，这个是非常大的飞跃。以前的APP开发分两个版本，一个是安卓版，一个是iOS版，而现在

---

❶ 随着小程序接口的开放，目前位列世界500强的小米、上市公司美团等都开通了微信小程序。

微信小程序用一套HTML5（构建Web内容的一种语言描述方式）来开发，开发成本大致减半。如果畅想将来，有没有可能有更大的技术飞跃，关于PC端和移动端的跨平台，从技术角度看是有可能的。

二是无须下载APP，体验接近原生APP。之前原生APP的装机基本靠下载，下载很麻烦，而且不利于传播，微信后来推出服务号可以链接APP，但是体验不是很好。微信小程序比服务号的加载速度更快，功能更多，体验更好，APP从此无须下载，是一个大飞跃。

我从商业直觉下结论：小程序对零售业的影响有两点，一是技术大升级，推进零售O2O发展，可能会高速推动；二是去中心化的超级APP，移动流量聚集到微信的可能性很大。

（3）嘉宾3：张陈勇 《零售O2O心法　招法与实践》作者

影响消费者行为的因素很多，其中最核心的是"价值度"和"便捷度"。如果全渠道是低价值度需求，且微信小程序能提高全渠道的便捷度，那么微信小程序就有助于全渠道的推广和普及。

全渠道指的是线上结合线下销售商品的零售形态，可细分为四种方式：线上利用线下推广，销售线上商品；线上利用线下配送，顾客到门店取货；线上与线下结合，用线上平台销售线下商品，送货到家；线上为线下服务，提升线下门店销售额、顾客体验度和经营效率。第四种方式通常的做法是APP代替会员卡，实现购物积分、推送促销信息、停车排队、解决支付和顾客投诉等问题。所有这些服务对顾客而言都不是高价值、高频的刚需，所以零售企业经常遇到辛苦推广APP，顾客安装后又卸载的情况，也有部分顾客虽然不卸载APP，但基本不使用。

微信小程序的价值在于能提升零售商APP的便捷度，降低推广难度，不用下载安装，结合微信服务号提醒的功能，能让用户使用零售商APP的概率提高。

（4）嘉宾4：员外 联商网专栏作者

渠道角度和技术角度大家都谈了，我主要从应用的角度来谈两点。

先从流量入口价值来说，在我看来有了这样一个日活量很高的APP，基于这个APP的日活量有更多可能做其他的应用，那么接下来就是撬动用户的形式。对零售企业来说，这就是一个入口，更多的是一个流量的入口，京东和58同城在这里已经有入口了，转化效率还不错。

微信在"我的"界面中，有一个"钱包"的选项，"钱包"选项里藏着很多应用。我们看到有滴滴打车、京东、58同城，这应该是小程序的雏形。不一样的是，小程序可以成为以个人为中心的入口。

那么，我们再来看看支付宝的应用入口，同样作为日活量上亿的超级APP，它的应用也很厉害，所以每一个入口的权重非常高，如外卖、钱包。目前看来，分类有理财、生活、出行，如果这些应用向第三方开放，那么这也是一个小程序。

对零售企业来讲，小程序有了一个流量入口的价值，接下来就是获客。小程序比美团、淘宝等流量入口更扁平。

目前超市、百货商场、便利店的运营方式是不一样的，在我看来小程序对本地化更有价值。商家是基于地理位置的识别，而客户则是根据生活使用频率来选择企业的小程序。那么日常生活就会根据功能分类，如出行、购物、生活、服务等板块，零售企业运用小程序就是要占据顾客各个分类小程序的TOP，达到这个目标就要做好商品，提升用户体验。

小程序最大的价值就是社交，以前微信和淘宝被平台隔断，卖货的卖货，社交的社交，但是现在可以连起来了。

小程序对于传统零售来说有些困难，这与它的组织结构有关。如果传统零售使用小程序，那么运营是门店主导还是总部主导，这对于生鲜水果这种特殊品类是个问题。传统大型零售企业是中心化的结构，它的强势在于供应链的把控；而小程序是去中心化的，这对于个体商户来说，可能意义更大。总之，小程序有两个价值：一是流量入口，二是可以缩减顾客与商家的距离直达你的店铺。

（5）嘉宾5：周淼 北人集团电商总经理

北人集团是河北区域性的零售企业，目前运行某购物网，这个网站是以B2C为核心的O2O运营模式，目前正在开发移动APP，并且负责微信后台技术支持和开发。因为是为本企业提供技术服务，不管是集团还是网站这边，我们都觉得微信在引流这个功能上比较不错。

自从微信小程序公布后，我们很关注它的相关话题，个人认为小程序会给我们提供更多的营销方式，降低微信后台的成本。就像刚才前面有人说的可能涉及到整个集团，将会是一个非常大的系统。目前来看，对于小程序还没有看到更多的示例，只是猜测对我们零售集团说，提供营销方式作用更大一些。❶

我认为小程序的出现对品牌商和生产商的品牌拓展更有利。当然，这些东西的出现，对零售商的运营能力是一个重大考验。从电商公司来讲，我们会密切关注小程序发展，不断试错，不断使用，不断尝试开发。目前，我们也有自己的小技术团队，我们认为随着互联网的发展，实体数字化转型，有一支自己的技术团队是非常有必要的。

同时，在电商中运营能力是非常重要的。现在的许多微信大号，它们自带粉丝流量，然后做一些零售的事情。除了淘宝、天猫、京东，这种基于微信的零售商的出现，对实体零售也是一种比较大的冲击。

另外，在微信之后，现在有机会成为超级APP的也有不少平台，比如淘宝、支付宝、百度、UC、陌陌、滴滴等。我们零售企业做好各个通道，将用户引流到我们后端系统才是重要的。我一直坚定地认为零售企业一定要有自己的技术团队，用第三方不行。技术团队是最低门槛，你如果不建立，你就已经输了，就好像你要开超市，最基本的是要找个地方，没实体你怎样开超市？同

 截至2020年年初，小米、京东等各大企业都已陆续上线相关小程序。

样,没技术你怎样做电商?

1.6 中国零售人应该学习女排精神

2016年8月中旬,我出门办事,回来抽空刷了一下朋友圈,发现整个朋友圈都是女排赢了的消息。时隔12年,这一块金色奖牌再次回到中国女排的手里,这金牌里包含的是学习、探索、融合和坚韧不拔的精神。作为零售人,我看着女排的种种,不禁热泪盈眶,中国零售的发展史就像女排的起伏史。

(1)学习

20世纪80年代,改革开放初期,国内百废待兴。中国经济正由计划经济向市场经济转变,传统的供销社和百货已经不能满足人民新的需求。长时间内百货供不应求,出现了顾客求商家的现象。

中国的零售人总是不乏远见之辈,面对巨大的市场缺口,他们睁眼看西方,1981年4月12日,广州友谊商店自选超级商场开张,以胡洁君(时任广州友谊商店自选超级商场经理)为代表的零售人将西方超市理念率先引入中国内地,货架、手推车、购物篮、打码机,一件件稀奇的东西引发了国人的购物热情,导致开业当天商场限流。是的,学习是零售人的品质。

(2)探索

随后,供销社逐渐淡出国人视野,新型的百货商场和超市不断涌现。以王遂舟为代表的零售人开创了辉煌一时的郑州亚细亚百货商场,营业员的标准、迎宾小姐、公关小姐、缺货登记、微笑服务、顾客是上帝、不满意退钱换货,每一样服务理念的提出都冲击着国内零售界。虽然"亚细亚"早已从我们的记忆里消失殆尽,可是它所提出的服务理念正在被后辈的零售人一一践行。是的,探索是零售人的精神。

(3) 不屈

20世纪90年代，第一家外资超市沃尔玛入驻深圳，随后外资像洪水一样源源不绝，家乐福、乐购、欧尚、卜蜂莲花、麦德龙……曾几何时，我们回首，偌大超市业，竟然没有一家可以与外资匹敌的品牌。国人去购物，首选外资，这段时间国内零售人其实是自卑的、痛苦的，这是国内零售之殇。

进入21世纪，市场经济越来越完善，国人的消费水平越来越高。而我们的零售人经过长达十年的压制，在痛苦中学习，等待破而后立。1998年京东创立，1999年阿里巴巴创立，2001年永辉创立，2001年人人乐进入中国连锁百强，2004年苏宁电器上市。中国人的零售企业正在慢慢觉醒，以互联网为基础的电商也在这时萌芽、成长。是的，不屈是零售人的精神。

进入21世纪第二个十年，中国零售人已经完成专业知识的积累，并在积累中进步。此时的我们，已经有了无论是在全国范围还是区域市场里，能够承担国内零售业的实体零售，永辉、华润、物美、万达、华联、大商、苏宁、国美……还有在电商领域处于国际领先地位的阿里、京东……

当然还有外资乐购的退出、家乐福的巨变，此时的零售人应该可以像今日的女排一样，挺着胸脯对先辈说，我们不输，我们在努力。

(4) 斗争中融合

如今的零售虽然取得了长足进步，但是电商的发展在不断地侵吞着实体零售的份额，双方冲突不断。我们不断地听到实体零售门店关店的消息，也不断地听到实体零售在试图走向线上，当然电商企业也在试图立足线下。它们中的典范有苏宁、大润发、京东、阿里、天虹、大商……还有我们不断探索的O2O。实体和电商，由最初的对立、斗争，开始走向融合，线下从未如此认真地对待电商，电商也从未如此认真地尊敬线下。是的，我们斗争，但是我们也在融合。

（5）突破

在新的路口，这一代的零售人，继续保持着学习、探索、坚韧、创新的精神，尝试着线上线下相互融合，期望创造出新的商业模式。也许这次，我们的零售人将走在世界的前列，因为从人才到商业模式，他们都不拘一格。我们很高兴看到实体大商启用原电商京东的刘思军做总裁，我们也看到滴滴、天天果园、再生活、爱鲜蜂、瓜子二手车等在各种领域对商业模式的创新，我们还看到支付宝、微信支付、智能快递柜等在零售业服务上的变革。

是的，虽然有失有得，但是这一代的零售人在试图突破，未来必将突破零售的固有模式。让我们牢记女排精神，这一代零售人应带着这种精神——学习、探索、坚韧、创新，继续新零售的道路。

1.7 新零售到底对零售做出了哪些改变？

新零售时代已然来临，渠道多元、产业链升级、生态圈扩容，这些变革最终指向以消费者为中心的商业模式的重塑。为此，联商网联合深圳商业共同举办了一场主题为"新零售到底改变了什么"的线下沙龙。百果园、易初莲花、天虹、汇隆百货、人人乐、新一佳、沃尔玛、树熊网络等相关企业负责人参加了沙龙。以下是线下沙龙的观点。

关于传统零售与新零售的关系。中国实体零售的各个领域，这几年做了很多尝试与实践。比如，因为渠道变了，增加了电商渠道；因为消费者变了，增加了生活服务和体验式消费，但依然无法真正突破商业困局。这很让人疑惑：哪里出了问题？

百货业的最大疑惑是传统百货大多已经购物中心化，为何还是转型不成功？大卖场将来最大的疑惑——门店仓是优势还是劣势？有没有把握让大卖场和网上超市形成1+1>2的效益？大型连锁便利店的最大疑惑是按照目前的运营效率，基本难以抵抗高昂的房租和不断上涨的人力成本，还有什么办法能大幅提高运营效率？

传统零售要创新，大多人都知道并且在实践，但始终不得法。传统零售要回归本质，其实零售人也重视商品与服务，但依然无法真正走出商业困境。这给零售高管们留下一个大大的疑问：哪个地方没做对？核心问题在哪里？

传统零售经营模式以企业效率为中心，更关注自己，是有我之境；新零售的经营模式以用户体验为中心，更关注他人，是无我之境。

经营模式的不同，决定了价值导向不同，在方法实施上就会有差异。新零售的经营哲学更关注人，以用户体验为优先，兼顾企业效率，其中最难的是"度"的把握，这只能靠企业的悟性与智慧了。

为什么要转型：新零售不是今天才有的话题，一直存在，只是今天比较成熟，我们才集中讨论一下。作为传统零售，一些东西是无法避免的，真正的改变在于高层思想。互联网趋势主要影响了哪些人？这些人有什么特点？对我们有什么用？这就是从用户角度考虑。

网购群体已经逐步成为社会主流的消费群体，我们这代传统的人已经成为过去。我们在家里买东西，第一个想的是网购，要么京东，要么天猫。互联网在改变85后、90后，而85后、90后正在改变世界，我们这些人如果还不改变，危险就来了。

我们曾经讨论过，现在如果不做线上，花那么大代价去做引流，到底值吗？但是你不做，别人会做，你不做顾客会慢慢跑到别人的线上。做线上就是一种竞争，这种竞争既和自己竞争，也和别人竞争。所谓和自己竞争，就是把顾客留在自己未来的线上，将自己实体店的客流引导到线上，实体永远不会消失，而线上你不做就没有机会和别人竞争。

（1）新零售难点之一是观念转变

观念的转变对实体零售来说真的是非常痛苦，每一个实体零售的电商从业者都像一个巡讲老师，从不同的维度让实体零售的同事接受、认同，并支持我们,这是一个漫漫的过程。

对于实体零售来说,最痛苦的还有短期利益和长期利益的不平衡。从公司大部分人不理解到现在开始理解,并且接受尝试,走过了几年时间。获得整个公司的理解,应该从顾客角度做一些案例,顾客说好,公司才会认同。

"互联网不是竞争对手,是一种环境",现场的每一位高管都认同这句话。他们认为,对实体零售来说,面对互联网的环境,我们不应该思考如何跟线上对抗,而应该思考怎样利用这种技术来缩小跟线上的差距。

对顾客而言,因为我们有实体门店,若我们能推出更方便快捷的业务,顾客还是比较能接受我们的。

(2)新零售难点之二是组织形式的改变

传统零售做实体店已经有十多年了,如今跨界做电商、O2O这种新生业态的时候,大多面临着不被理解的压力,特别是现在拿不出很好的成绩来证明自己的时候。所以现在我们也在想,传统零售做新零售,什么样的模式更合适,是独立的事业部,还是内部组织裂变。如果不同模式一个一个尝试,等待结果的时间是漫长的。

(3)新零售难点之三是人才招聘的改变

传统零售在向新零售转型的时候,人才大多数从公司内部转化。然而,后面又发现有许多不足,需要外招人才。反观现在的人才模式,大多以内部培养为主,外部招聘为补充,且外招多为互联网人才。

关于外招人才的特点,一是外招的人才我们不了解、不熟悉,需要跟我们固有的团队和业务磨合,这需要时间;二是外招的人要有互联网思维才能帮助解决我们之前的思维盲点。

技术看法的转变:传统零售对IT大多不是很重视,ERP(企业资源计划)和其他管理软件大多使用第三方,转变做电商后这就成了企业短板。第三方公司因为公司文化和业务的差距,很难达到零售企业要求,而且某些需求难以匹配，收费高昂。在一段时间后，传统零售企业都认为核心技术一定要使用自己的团队。但是，自己组建技术团队也有其困难的一面，首先IT技术人才工资水平高，其次我们是零售企业，缺乏互联网氛围，很难留住高级人才。

（4）新零售难点之四是总部与门店关系的转变

门店关注业绩很正常，而总部要关注未来。总部的作用是高瞻远瞩。正常情况下，除了给足门店条件让门店发展，还要从某些方面牺牲三五年的利益去搏未来。至于门店，通常来说，门店考虑的是这几个月的问题甚至是这几天的问题。总部的命令得不到门店的有效执行，不是门店的问题，而是总部的问题。

（5）新零售难点之五是引流方式的改变

树熊网络认为，应该运用新的技术改变传统卖场。随着智能手机的普及、移动互联网的大范围使用，传统零售加码电商，上线具有自己特色的O2O项目非常重要，如Wi-Fi覆盖实体店已经是标配，它既能增加线上营业额，又能提高顾客体验。

在引流方式上，传统零售多采取门店纸质海报、公司微信公众号、官网宣传，在新的形势下还应该寻找更多的引流渠道。现在各地打造智慧城市，Wi-Fi热点在城市覆盖越来越多，移动端接入Wi-Fi热点认证页面引流作用不可小觑。

（6）沃尔玛代表讲解沃尔玛新零售的进展

2015年在深圳推出O2O服务，2016年3月推出FTB（Farm To Business，意为农民对商户）跨境电商服务，跨境电商服务跟京东有合作，2017年与京东合作升级，沃尔玛官方旗舰店上线京东。2018年，沃尔玛与京东合作再次升级，实现存库互通。2019年8月，沃尔玛联合京东举办了2019年全渠道"8·8购物节"。

2016年上半年，沃尔玛的山姆会员店在中国11个城市开设13家门店，截至2019年上半年，沃尔玛的山姆会员店已扩展至中国20个城市，总共24个门店。

山姆会员店需要交纳260元会员费才可以购物，其中深圳福田深国投的山姆会员店已经连续8年在沃尔玛全球1万多家门店业绩中排名第一。山姆会员店使用PC端购物平台和手机APP，与京东达成合作，在京东开设山姆会员店的旗舰店，推出非会员服务，覆盖全国。最后，沃尔玛在中国的电商布局，未来可能会有更多与京东合作的内容。

第 2 章

用户争夺战：
消费者主权时代逻辑重构

随着经济的高速发展和消费者观念的转变，"消费者主权"观念不仅被消费者熟知，同时也催生出他们渴望消费民主、消费自由、消费平等的意愿。这时候，作为零售厂商的一方也应该转变消费观念，积极融入消费者主权时代。

2.1 消费类电子产品已经变了

雨滴落下并非走向衰亡,而是进入了新的形态蜕变和轮回。正如有些事物看似荒芜,其实蕴含新的生长。

消费类电子产品(以下简称消费电子)正是如此,它深受经济发展和房地产行业影响,近十年我国经济基本保持高速增长,同时消费需求也在不断增加。但是从2010年开始,经济增长和消费增长开始逐步放缓。特别是自2018年以来,我国社会消费品零售总额增长开始持续承压。

在房地产方面,自2016年以来,伴随着楼市调控及去杠杆力度的加大,房产销售累计面积及其增速开始出现持续放缓的现象,房地产行业渐渐呈现趋稳的局面。再加上国际贸易争端问题。我国现在正处在经济增长速度的换挡期、结构调整的阵痛期以及前期刺激政策的消化期的三期相叠时刻。

随着多年来经济的高速发展,居民对消费电子支出由快速增加到逐渐平缓,市场渐渐饱和。同时,集合式电子设备正在压缩其他类市场,以智能手机为例,它的普及正不断压缩电视、音响、相机的市场空间。市场现已基本饱和,消费电子行业的经营环境已经不如往日,高速增长阶段带来的红利接近尾声,缓中趋稳的局面正在形成。

整体环境的不佳并不代表消费电子没有希望和增长点。一般情况下,我们总认为相机已经没人买了。但是根据阿里中台数据显示,2016~2018年一次性相机的销量增长了182%,专业摄影云台设备销量增长了354%。

显然,消费电子的市场还在,只是在新的环境下跟以前不一样了。在探讨新的市场特征前,我们先聊一聊什么是市场。简洁意义上,我认为市场可能就是一个区域内人口、空间、技术和观念变化的总和。因此,我们将从四个角度来看看新的消费电子市场的变化。

（1）人口

根据联合国相关数据，中国25～44岁人口的规模在2013年左右已经见顶，占全国人口的33%左右，未来预计持续向下。老龄人口将持续攀升，2015年15～64岁人口占比为72%，较2011年峰值已经下降2.5个百分点。

根据国家统计局发布的数据，截至2019年2月28日，我国总人口数13.95亿人（不含中国台湾、香港特别行政区、澳门特别行政区人口数量），其中80后有2.28亿人，90后有1.74亿人，00后（指2000年以后出生的）有1.47亿人。80后与90后人口占总人口数量的29%。

从消费电子2016～2018年的绝对GMV（Gross Merchandise Volume，网站成交金额）贡献率分布变迁来看，90后年龄段之前的消费族群占比正在降低，2016～2018年90后群体保持高增长态势，且强于行业整体水平，是行业水平的1.77倍；同时80后对消费电子的GMV贡献率占比很高；而1980年以前出生的消费族群对行业的贡献已经逐渐退却。

综合来看，我们发现80后与90后已经成为消费电子行业的关键族群。基于时代迁移的规律，我们认为90后在行业的占比可能将继续提升，而1.47亿的00后也将是未来的潜力股。

我们还发现，90后这一消费群体乐于享受生活。阿里中台数据显示，2016～2018年，在生活体验消费方面，90后在烹饪机器人、擦窗机器人、游戏机的消费增长率分别是208%、194%、114%；在时尚消费方面，90后对"科技范"单品和潮流设备的投资毫不吝啬，蓝牙耳机和AI（指人工智能）语音设备的增长分别达到了118%和199%。

90后这一消费群体不仅乐于享受生活，还很善于消费。由于消费电子产品单价较高，而90后，特别是95后群体的消费能力正处于增长期，因此使用金融工具支付成为他们的重要特征。其中，手机、电视、洗衣机成为他们使用信用支付的关键品类。从这些来看，完善的金融服务体系为消费者提供了更为便捷和超前的消费方式，而90后则更善于利用金融工具享受生活。

（2）空间与区域

我国地域经济的发展不平衡导致经济发展形成的需求在不同等级城市之间存在流动效应。基于城市等级效应，我们发现在广大的三四线城市和乡村市场，消费电子的品牌集中度仍处于较低水平，品牌的集中度仍旧有继续提升的潜力，在这些市场，大品牌还有更大的空间。

我们正前所未有地感觉到世界正逐渐成为一体，商品和需求在不同地域和国家之间，甚至在物理与虚拟之间流动。

随着"中国制造"向"中国智造"的转型，我国正在掌握消费电子产业更大部分的供应链体系。阿里中台消费数据显示，2018年海外电子市场增速明显，热销美国、马来西亚、澳大利亚、新加坡、越南等国家，热销的品类包括扫地机、手机、无人机、美容仪等。

近几年，我国消费电子走出国门颇为成功，小米占领印度市场的新闻不断出现，OPPO、VIVO在非洲大显身手。以智能扫地机器人品牌科沃斯为例，2013~2017年，科沃斯服务机器人海外收入的复合年均增长率达到111.20%，同时海外收入占比也逐年提升。2018年，科沃斯在美国市场的销售收入同比增长近100%，在韩国2019年度"消费者忠诚度大奖"中，科沃斯得分最高。因此，我国产品走出国门，迈向全球化或许是不错的选择。

（3）技术

科技是第一生产力，当然也会成为市场的重要影响因素。如今，人工智能、物联网正在崛起，这些黑科技正在掀起一股智能化的消费浪潮，它们正在不断渗透到消费者生活的方方面面，改变原有的认知与交互模式。

消费者对智能设备越来越感兴趣，据国际咨询调查机构Strategy Analytics数据显示，2018年全球智能音箱出货量达到8620万台，其中，四季度阿里天猫精灵出货量280万台，增长30%，百度和小米分别为220万台和180万台。从2018年开始，与过去3年相比，消费者对智能机器人、AI语音助手、智能体脂秤、智能手环（手表）、智能出行品类的投资分别增长了220%、121%、74%、51%、45%。在智能飞行领域，还催生了大疆这一无人机领军企业。

当然，技术除了改变产品，也改变了商品的销售方式。在技术发展的契机下，技术与内容融合，点燃消费者的购物欲望，成为新的营销方式。

2018年10月10日，戴森在纽约发布了一款名为Air Wrap的美发造型产品，其中包括一款新型的卷发器，只需要把一缕头发放到它的旁边，机身的气流就会自动吸附头发到卷发棒上。这一高科技产品通过阿里妈妈旗下内容化渠道快速引爆话题，同时在大促销节点前持续保持话题热度，最后在关键时刻快速达成成交和爆发。

显然，未来技术将快速进入消费领域，与特定的消费需求或场景融合，形成新的产品，再通过技术加持和内容种草催化的营销模式，这将改变原有品类的格局。

（4）观念

不同时间、不同人群的消费观念不同，这值得我们密切关注。对于消费电子，传统观念主要是家务功能，冰箱、空调、洗衣机这几大件要耐用便宜。但是，随着人们生活节奏的加快，特别是那些996工作的年轻人，他们越来越没有时间做家务，同时也希望自己在空余时间不要被琐碎、忙碌的家务所困扰。

当然，除了在家务方面，在提升自己生活品质和时尚方面，广大消费者也毫不吝啬。在2016～2018年的三年里，消费者在电动牙刷、睡眠仪、空气净化器、洁面仪、美腿仪方面的投资，分别增长了59%、930%、95%、109%、266%。这些数据反映了消费者对于健康和美的观念的变迁，同时，越来越多的消费者愿意为自己的兴趣爱好买单。

世界潮流浩浩荡荡，顺者则昌，逆者则亡。只有趋势才能带来爆发力和指数级增长。上述四个趋势虽不全，但是告诉我们一个基本事实是，消费电子行业已经变了，固有的市场、人口、空间、技术、观念已经不适合如今的发展，我们基本不可能用老一套方法打天下。这对于经营者来说，只有跟随变化而变化才能活下去。

事实上，时代在流动变化，变化是永恒的主题。基于趋势的挖掘，我们只能看清行业增长背后的暗流涌动，厘清未来方向，进而探索有效的解决方案。

如今，电子消费市场的消费主体以及需求正在重构。从空间上来看，下沉的市场、全渠道和全球化是未来所趋；从技术上说，物联网智能时代即将来临；从观念上分析，消费者正在形成全新的时间、健康、美学、爱好观念。这些变化虽看似缓慢，实则极为迅速，我们只能观势明道，顺势而为！

2.2 我们需要什么样的零售

某日，因水杯太旧，笔者就趁着中午吃饭时间去公司附近的一家国内知名超市购买一个新的玻璃杯。不得不说，这是笔者近期最差的一次购物体验，具体原因还要从收银说起。

这家门店将原来30多个收银台改成了2排自助收银，只留下10个人工收银。在结账的时候，发现人工收银只开了2台，排队超过10人。因不想排队便去了自助收银，当笔者拿起杯子扫码时，显示条形码不识别。于是笔者询问旁边的员工，喊了两遍才有人搭理，而现场有8个员工无所事事。

员工看了以后，给出两个选择：一是他们去查条形码，笔者在这边等待结果；二是自己去换一个商品。这家超市是两层结构，收银台在二楼，而水杯在三楼。如果选择去换水杯就必须重新走一遍卖场；如果在原地选择等待他们查条形码，结果也是一样，总之所耗费时间会超过10分钟。

笔者不甘心，又在那里刷了几次条形码，突然间条形码被扫描识别了。当付费时，收银机上显示必须要装他们的APP才能付款，不然只能去人工收银，而此时人工收款排队超过10人。于是，笔者又面临三个选择：一是装他们的

APP付款；二是耗费10分钟，去人工收款排队；三是放弃购买。最终，笔者选择了放弃购买，因为此时的笔者已经颇为烦躁，不愿意为了一次购物而装一个APP，更不愿意耗费时间等待。

笔者不禁想问，这种自助收银减少排队了吗？减少成本了吗？给顾客便利了吗？有多少人还会选择在那里购物？显然，答案是否定的。笔者虽然厌恶用这种方法提高这个APP的装机量，但是更厌恶他们这种服务方式。

可是近年来，像这种装自助收银、大数据营销、无人店等黑科技手段让我们的零售企业趋之若鹜，好像不弄点这些新奇玩意就不能算新零售，不弄点这些新概念就不算转型，就好像自己落伍了一样。同时，在各种概念和资本的裹挟下，零售行业变得越来越嘈杂和浮躁。

拿曾经火爆的社区团购来说，2018年下半年开始，京东、阿里、美团、苏宁等各个巨头纷纷入场。据相关媒体统计，2018年的后4个月，至少有15家社区团购完成总额不低于45亿元的融资，许多传统零售商也开始蠢蠢欲动，试图在这个领域分一杯羹。在社区团购疯狂抢团长、抢用户、打价格战的同时，社区团购的弊端也越来越明显，大家纷纷猜想：社区团购是不是下一个共享单车、无人货架或无人便利店？

正如摩拜单车创始人胡玮炜当初接受采访时所说：资本助推你的，最后，你都得还回去。更重要的是，零售从来都不是可以随随便便成功的，零售需要耐下心来，精耕细作。

"眼看他起高楼，眼看他宴宾客，眼看他楼塌了"，在这一幕幕闹剧中，零售人似乎应该冷静思考一下，我们做的一切到底符不符合自己的想法，我们到底需要什么样的零售，顾客到底需要什么样的服务和产品。

2.3 消费者主权意识已逐步觉醒

在商业霸权时代，消费者唯一能做的只是被动接受产品。然而，随着消费主权时代的到来，消费者越来越注重消费和体验。他们在消费过程中逐渐占据绝对的主权，商家和消费者的位置发生了变化，"我消费，我做主"也成为不可撼动的现实。

"消费者主权"这一词最早见于亚当·斯密的著作中，后来在马歇尔的发展下，成了经济理论中不可动摇的原则。消费者主权理论是一种消费者主导型的经营模式，它是指消费者根据自己的偏好选购商品，而消费者的偏好也会被生产者所看到。在决定某个经济体系所生产的商品类型和数量时，消费者主权起着关键性作用。

消费者主权也可以这么理解，消费者支付的货币量就是消费者对消费某种商品所获得满足的评价，而生产者必须及时了解社会的消费趋势和消费者的动向，组织生产适销对路的产品，以满足消费者的要求；否则，生产一大堆自己认可、却不受市场待见的产品，算是自食恶果。

消费者主权的觉醒主要体现在以下三个方面。

（1）社交消费群的崛起

随着互联网迅速深入人们日常生活和文化生活，自媒体开始社会化，并且越来越发达，打破了以往自媒体以自我为中心的传播形式。在当今时代，只要在网上开个自媒体账号，人人都可以是自媒体。这就是社交消费群迅速崛起的主要原因。

自媒体具有传播快的特点，一个震撼的消息（无论好坏），能短时间内在社会化消费群之间传播开来。对于一个企业来说，要想扩大社会化消费群的消费，必须先适应这种自媒体与消费者交互的新模式。

（2）本地化消费群的崛起

本地化消费群具有独立意识，追求消费自由的精神，他们热爱这个社会和世界，但同时又充满质疑。因此，传统的和旧的营销手段已经无法吸引他们的目光。他们的消费大多是基于场景而产生的场景消费，他们在聚餐时往往先通过软件搜寻附近评价高的店铺，然后通过地图软件确定最方便的路线。

于是，在商家眼里，基于移动位置服务（Location Based Service，LBS）成了一个极具商业价值的点，商家可以利用LBS为本地化消费群推送本地化品牌，同时本地化消费群也可以通过LBS来寻找商家和品牌。

（3）移动化消费群的崛起

随着智能手机的飞速发展和移动互联网的成熟，促进了移动化消费群的崛起。阅读、看视频、收发邮件、网上购物等都能在移动端完成。因此，移动化成为当前消费市场的最大特征，90后成了整个市场的消费主力军。

因此，很多商家开始推出自家的APP，并且在APP的主页推出最适合移动端人群的内容——短视频、小文章等。这表明：很多商家正在转变传统的营销思维和模式，把以产品为中心转变为以用户体验为中心。

2.4 构建"以消费者为中心"的价值体系

我们不可忽视的是，互联网和虚拟现实等外在手段再怎么发展，零售面向的对象是不会改变的。零售面向的是消费者，这促使零售商必须以消费者为中心，为他们提供优质的产品和服务。

当然，消费者要求新的产品和服务又会推动产品和服务的升级，而产品和服务升级后仍然是面向消费者。因此，对于零售商来说，构建以消费者为中心的价值体系才是最重要的。

（1）"以消费者为中心"再也不是一句空洞的口号

得益于经济的增长和互联网的发展，人们的物质生活水平得到了极大的提高，渐渐地，他们对生活品质也越来越重视，一轮崭新的消费升级正在我国上演。

消费者的心理也产生了不可忽视的变化。一是消费者越来越追求个性化，而非品牌，这为具有工匠精神的小品牌带来了机遇。二是消费者开始追求高品质的生活，愿意购买真正的好产品。三是消费者在下班后想从繁重又琐碎的生活杂事中解脱出来，以节约时间，更多地投入到自己的兴趣爱好和业余活动中去。

（2）通过市场调研来生产消费者真正想要的商品

以消费者为中心，必须要落到实处，而不能成为一句空洞的口号。作为零售商，想要构建以消费者为中心的价值体系，必须要调研市场，解决消费者的痛点和需求，不能闭门造车。一个厂商自诩自己的产品颠覆业界，推动新的革命，如果得不到消费者认可，这种颠覆和革命就毫无意义。

因此，零售企业或零售商需要通过市场调研来界定一个新空间。这需要它们通过产品生产部门、职能部门以及其他部门通力协作，生产出好产品来获得消费者青睐。

（3）让消费者参与到设计中来

只有适合消费者的设计才是最好的设计，那些设计家和艺术家前瞻性的设计虽然有个性，却未必符合生活实际和消费者需求。

因此，零售商需要消费者积极参与到设计中来，倾听消费者的心声，然后根据不同群体和不同需求设计出符合消费者的产品。

● 2.5 做好用户导流，让商家转型更顺畅

随着线上线下的融合，无论是线上电商，还是线下零售实体店，它们的零售重心会有所转移。与此同时，流量也会跟着零售重心转移，当然流量可以自发转移，但大多时候都需要商家通过各种手段引流，以到达流量转移的目的。

(1) 线上向线下导流

在这个流量为王的时代，对于明星而言，没有流量就意味着他一无所有；对于零售商来说，没有流量就意味着没有销量，企业的长足发展也就失去了维持的动力；对于线上电商来说，它直接缩短了供应链，提供了优惠的价格和便捷的物流服务，以及自由的选择空间。但是随着新零售时代的来临，很多线上电商开始布局线下，想要将流量转移到线下。

那么线上向线下具体如何导流？首先，线上流量要足够充足才能向线下导流，商家可以通过促销、微信公众号、小程序来吸引流量；其次，商家在线上发布只有线下实体店才能使用的电子券，或者开发一款微信小游戏，消费者只有到线下实体店中体验后才能领取小游戏中的奖励。只有让消费者觉得线下实体店也有划算之处，他们才能将线下购物作为重要的购物渠道。

(2) 线下向线上导流

在新零售时代，无论线下还是线上，全渠道布局就是最大的特征。许多线下实体店都是秉着"多一条销售渠道，就多一次销售机会"，于是很多线下实体店除了开发官方网站，还开发APP、小程序，面向更多的消费人群。

刚开设线上平台，相当于这个商家开辟了一个新领域，这时候就需要将线下流量引导至线上，通过在线下实体店张贴线上平台信息，发放只能线上享受的福利等，提高线上平台在消费人群中的知名度和口碑，让线下的新老消费者接受并认可这个线上平台，最终在这个线上平台进行消费。

(3) 线下与线上联合

一般来说，前面两种方法，即线上向线下导流和线下向线上导流，都是在原有的流量基础上导流，并没有扩大原有的流量基数。

那么，怎么才能扩大流量基数？最有效的方法就是线上线下联合。两者联合相当于互补不足、彰显优势，与它们中间任何一者相比，线上线下联合都具有全渠道覆盖、信息传播面广、信息传播量大、信息传播速度快等优点。

2.6 提高用户转化率，让用户愿意主动消费

对于商家来说，获得用户虽然重要，但更重要的还是采取一定的举措，提升用户的转化率，让用户变成品牌和店铺的消费者。

（1）丰富产品和服务信息，优化流程

很多商家在产品和服务上语焉不详，甚至描述还稍显苍白，导致消费者失去购买兴趣。数据显示，提供相对丰富的产品或服务信息，有利于提高顾客的转化率。尤其是线上平台，详细的产品文字、图片、视频介绍能很好地抓住消费者的心。

丰富产品信息后，商家应该优化相关流程。对于线下实体店而言，商家应该精简购买流程等，可以采用多种在线支付手段；对于线上平台而言，对浏览过程、购买流程、注册流程、互动流程等进行优化，带给消费者更好的购物体验。

（2）凸现产品和服务价格优势

无论零售行业发生多大的变化，价格始终是消费者最关心的问题。人性中有一个共通之处：用最小的代价获取最大的利益。对于同一品质的商品，大家希望用更低的价格去购买。

对于很多商家来说，降低价格的同时必定伴随着产品质量的下降。如果既要低价格，又要高质量，厂商就需要利用C2M（Customer-to-Manufacturer，用户直连制造）模式，砍掉中间环节，让消费者直接面对工厂。

（3）提升购物体验

在诺基亚时代，人们对手机的产品定位就只是个通信工具，直到iPhone出

现，把它重新定义为"数字化的生活方式"后，才完全颠覆了手机市场，改变人类的日常生活。对于零售商来说，如何将线上体验复制到线下，这是新零售商面对的问题，同时也是新零售带来的机遇。

随着新零售与各种黑科技的深度结合，以后的新零售产品将更好地展现时代潮流，顺应消费者个性化、高品质化的消费趋势。同时，它还具有别出心裁的设计和亲民的价格。

2.7 增强用户黏性，发展会员经济

有句话说得好："我们只有两个顾客，一个是会员，另一个是即将成为会员的顾客。"这说的就是会员经济。对于一个零售企业来说，客户管理部门往往面临着潜在客户或意向客户竞争激烈、原有老客户流失严重、难以确立核心用户、吸引新客户的手段越来越受到局限的问题。

面对以上问题，零售企业都会通过会员经济来带动客户，将客户和零售企业绑定在一起，从而增加核心用户，减少用户流失。

（1）会员有哪些需求？

一般来说，零售企业想通过会员经济来增加用户黏性，先要了解客户成为会员后有哪些需求，了解他们的心理动向，从而制定对应的会员制度与条例。

随着消费者主权的出现，会员的需求也变得多样化。一方面，他们希望能购买到流行的或时尚的商品，以及具有个性化和新奇特点的服务；另一方面，他们又希望购买到物美价廉的产品，或者高性价比的服务。因此，针对不同会员的层次和需求，零售商应该灵活变通，设计出最符合自家会员的制度和条例，推出最具吸引力的会员优惠政策。

（2）开展会员经济有何价值？

① **给会员带来的价值**：部分商品具有会员独享折扣和优惠、购买服务和售后服务品类更多、服务时间比非会员更短、服务效率更高效、可以享受零售商品牌和增值服务。

② **给零售商带来的价值**：促进产品的销售、增加回头客、吸引新客户、刺激消费、增加营收、降低部分运营成本、增强品牌影响力和竞争力。

（3）怎么做好会员经济？

目前来说，通过会员经济增加盈利有3个途径：提高会员年费；降低运营成本；增加会员数量。前两者对于小企业来说可行性高，但对于大型零售企业来说，第三点才是最靠谱的。

所以，要想利用会员经济盈利，零售商需要真正了解消费者，能提供高度定制化的服务。同时，零售商要基于大数据、消费者个人数据，设计出消费者最感兴趣的产品和服务，为消费者带来尊重、便捷、宾至如归的感受。

第 3 章

新零售时代：
线下实体店该何去何从

电商凭借互联网的优势迅速崛起，并压倒性地打压着线下实体店。随着新零售时代的来临，线下线上融合已成为时代潮流。在这滚滚潮流中，线下实体店面临着重大的抉择，它又该何去何从？

3.1 实体店到底会不会没落？

在新零售还没出来之前，正是电商红遍大江南北的时候，当时，人言必谈"电商""网购"。"网购"的出现方便了人们的生活，推动了物流产业的优化升级，快递小哥忙碌的身影在大街小巷、高楼大厦之间来回穿梭。

（1）零售的未来在实体店

电商来势汹汹，如收割韭菜一般扑向实体零售店。然而这时候，电商遇到了瓶颈，它的成本优势已经成为过去时。虽然它依然有着线下实体店难以匹敌的势头，但不可否认的是，它的累计成本已经接近线下实体店。

加之，电商一直以来最缺的就是产品体验与场景体验。随着社会经济的蓬勃发展，用户的消费主权意识开始觉醒，对于购物体验和消费场景越来越重视。电商的虚拟购物场景和层出不穷的网购质量问题，使越来越多的网购消费者重回线下实体店的怀抱。

（2）实体零售不会就此没落，反而可能因此崛起

其实，随着新零售的出现，转变最大的并不是实体零售，而是当年气势汹汹的电商，从阿里到京东都开始布局线下，与实体零售开始战略合作，如阿里线下实体店——天猫小店和天猫优鲜。这是电商对线下实体店的回归，更是对线下实体店价值的认可。

如今，线上稳扎稳打多年的电商开始进军线下，就如当年盲目进军线上的很多实体零售大企业一样艰难。电商不熟悉店面运营与管理，终究离不开实体店的支援。实体店和电商终于再一次走在一起，走在"新零售"的康庄大道上。

（3）新零售的未来在小型零售企业

因为互联网是互联一切，它是没有边界的。互联网巨头也因此在网购上垄断一切,从一个曲别针到一台电冰箱,都可以被它们垄断。

而线下实体店不一样,它具有很强的地域性,加之消费者也越来越具有个性化,电商巨头想要在线下也垄断一切,这是不太可能的。

新零售带给实体店的是一个很大的机遇,互联网电商巨头为实体店提供技术和数据支持。大中型企业因此赋能,小型企业却可以凭借这种数据和技术重构人、货、场的关系,完成它们自身的升级。

3.2 实体店的困境与出路

随着电商凭借互联网优势迅速崛起,获得线下实体店无可比拟的成本优势和价格优势,物流商和制造商可以以低价直接面向消费者。实体经济因此迅速走向衰败,并一蹶不振。那实体店到底处于什么困境?又该如何谋求一条出路?

(1) 实体店的困境

① **实体店同质化严重**:很多线下实体店因为同质化严重而陷入营销困境。很多实体店只会效仿别人的做法,然后生搬硬套,从店面招牌风格到内部装修,一律抄袭,完全不考虑自身的实际情况。这种千篇一律的风格,让本就艰难的实体店更是寸步难行。

② **脱离客户需求**:作为实体店的经营者,要具备敏锐的观察力与出色的理解能力,能准确发现当前消费者的需求,进而调整自己的经营方向和策略。而现实中,更多的是实体店想卖什么产品便卖什么产品,或者只卖自己觉得利润空间大的产品,忽略消费者真正的需求。这样的实体店无法站在消费者角度思考问题,只会离消费者越来越远,最后被市场所抛弃。

③ **缺少随机应变的胆识和能力**:电商给零售业带来的最大变化是消费场景的变化。大部分线下实体店往往缺乏随机应变的胆识和能力,用固执的旧思

维抱残守缺，无法开放地拥抱互联网，不会利用互联网去积极探索新的渠道和供应链。

（2）实体店的出路

① **关注并满足顾客需求**：实体店要想寻求新的出路，必须先摆脱传统的旧思维，回到零售的本质，从以产品为核心转变为以顾客为核心。因此，实体店首先要做的是必须下工夫调研，积极与线上电商合作，利用大数据分析当前到店的顾客的原因，以此来挽留顾客。其次就是进购并上架顾客有真正需求的产品，甚至是服务。在新零售时代，顾客在意的不仅是一个产品，还包括店内的服务态度、物流的便捷程度、有没有很好的售后维修等，它囊括的几乎是一个产品的整条供应链。

② **给顾客提供超值体验**：与线上电商相比，线下实体零售店具有的绝对优势就是：在实体店，顾客可以亲身体验产品，能在亲身体验下最大限度地激发他们的购买欲。如同样是买靴子，线上购买时无法预估鞋码是否合适，万一鞋码不对还需要退货，而在实体店购买靴子可以当场试穿。在这一点上，线上购物体验没有线下实体店好。

③ **跟随新零售趋势，线上线下双管齐下**：有句话说，"天下大势浩浩荡荡，顺之者昌，逆之者亡"。如今新零售就是零售行业的大势，线下实体店应该积极跟随大势，线下线上双管齐下、互相联动，完成店铺的升级和优化。

3.3 前路漫漫，实体店的突围之战已经来临

网上购物越来越火爆，很多实体零售企业纷纷开发网页端、APP端、PC端，到最后却成了"炮灰"。如今，随着资本的退场、网销成本的激增，互联网红利逐渐消失，阿里和京东也开始在线下开店。这一切的一切，似乎都在昭告一件事情：实体店的黑夜终于过去，现在可以说是拨云见日，实体店的突围

之战已经来临！

（1）突围之一：提供人性化服务和一站式服务

随着新零售时代的来临，电商的冲击没有以往那么猛烈了，实体店要想在新零售潮流中站稳脚跟，必须了解顾客心理，提供个性化服务。

实体店可以尝试对顾客进行多角度细分，为不同类型、不同层次的顾客提供精准的服务，给他们舒适而又难以挑剔的线下购物体验。

实体店最大的优势是具有良好的购物体验。此外，还可以在购物氛围上做文章，通过货架的摆设、门窗的位置和颜色等，给顾客赏心悦目的感受，让他们体会在店内购物带来的幸福感，如某个极具人性化的书吧，不仅在不同区域明显地摆放不同类型的书籍，还提供咖啡、果汁给读者解乏。

（2）突围之二：连锁经营以实现规模化

首先，实体店的经营模式和营销方式必须连锁化、标准化，从而弥补大多数实体店主知识结构有限、合理营销方式缺乏的不足。其次，采取规模化经营，让实体店与电商合作，由总部调货，可以凭借电商的渠道和庞大的采购量，最大限度地压缩成本，有效提高价格竞争力。

（3）突围之三：找准市场定位

随着时代的不断进步，顾客的消费观念和需求也产生了变化，实体店必须找准市场定位，实现差异化经营，才能在市场上分得一杯羹。

① 就地理位置的选择而言，因地制宜，分析当地市场、商业集散、物流配送等诸多因素，从而选择一个最优的地点。

② 确定主营产品业务后，针对不同的消费人群，选择差异化的经营方案。

3.4 实体店营销四大技巧

无论零售行业怎么变化,线下实体店不仅提供了大量实现自主创业的机会,它还满足了某些特定消费者的需求,甚至可以吸引某些投资者的目光。随着新零售趋势的不可逆转,线上、线下的互动与融合已经成为时代潮流,这将是实体零售经营者最好的翻盘机会。

(1)店铺选址

正如写文章一样,一个好的开头能很好地吸引读者,一个实体零售店的选址不仅会影响店铺的营收,还会影响经营者的自信心。甚至可以这么说,一个地址能影响整个实体零售店未来的命运。

那么该如何来选址?可以考虑从人流量、店铺租金、潜在客户数量、同类型实体店数量、该区域消费者层次构成来着手,逐一筛选出符合自身的地址。根据数据显示,盒马鲜生大部分店铺选址都不在核心圈,而是因地制宜,选择最适合盒马发展的区域。

(2)店铺环境

① **店外环境**:店外环境包括店外街道环境,其他店铺对整个商场环境的影响,店外装修环境,甚至包括这个实体店本身所在的整个路段区域。店外环境是否洁净,其他店铺或附近加工厂是否有噪声污染,店外装修是否让消费者感觉舒适,当然还包括所在地区人流量是否充足……这些都能影响一个实体店的效益和长远发展。

② **店内环境**:店内环境包括装修、陈列、前台服务等很多小细节。具体来说,一个实体店的装修风格、商品陈列、货架颜色、橱窗位置、前台服务质量等都可以影响顾客的购买欲望。图3-1所示为三只松鼠店内别具一格的陈设风格。

图3-1 三只松鼠店内别具一格的陈设风格

（3）店铺推广

在新零售时代，自营的线下实体店可谓"腹背受敌"，一边是全国连锁的大超市、专卖店，一边是电商在线下布局的实体店。

在这种情况下，只有积极推广才能带来流量，产生效益。具体的做法有两种：一是通过电子优惠券或实体优惠券让消费者了解这个实体店；二是向电商的实体店学习。一般电商开的实体店都有专门的体验区，如图3-2所示，天猫直接把乐器专卖店称为"天猫乐器体验馆"。所以，一个实体店开放产品体验，让顾客体验产品并喜欢上产品，是一种打开销路的方法。

图3-2 天猫乐器体验馆

（4）营销手段

一提起营销手段，当然是枚举不尽，大多是促销活动、积分制度、会员制度。促销活动是短期网罗用户的手段，并非长久之计，等促销活动一过去，流量必定流失不少；积分制度和会员制度国内做得并不出色，大多停留在表面，没有实际的意义或真正有益于用户的权益。

还有一种思路，就是小米总裁雷军说的"和用户交朋友"，让用户成为这个门店或品牌的粉丝。如苹果的粉丝被称作"果粉"，小米的粉丝被叫作"米粉"，魅族的粉丝被称为"魅友"……每当这些厂商发布产品，就会引发粉丝的狂欢。

3.5 实体店线上线下如何一体化运营

既然要谈实体店线上线下如何一体化运营,那肯定要从线上线下两处开始谈。一是拓展线上渠道,使线上消费者数量得到增长;二是装修升级实体店,优化供应链,提高其效率。

(1)线上线下主次分明

很多线下实体店经营者想快速融入"新零售",心理过于急躁,想线上线下通吃,结果造成线上线下没很好地融合,两者分裂开来,各自为战,最后不仅线上渠道没拓展好,而且自己最看重的线下实体店也接连亏损。

所以,线上线下一体化运营切忌好高骛远、眼高手低。一个线下经营多年的实体店想要拓展线上服务,必须先打通线上线下渠道,整合线上线下资源,规划好商品的供应端。稳住线下再发展线上的代表非苏宁莫属,图3-3所示为苏宁线下实体店之一的苏宁小店。

图3-3 苏宁小店

阿里、京东等企业是依靠互联网起家，它们具有天然的互联网优势。与之相反的是，线上对于扎根线下多年的实体店来说，是一片陌生的区域，不可贸然行动。最好的方法是以线下为主，线上为辅，稳住线下后，再逐步发展线上。

（2）选择最适合自己的渠道

随着互联网科技的快速发展，线上第三方平台也越来越多，如淘宝、京东、天猫、拼多多、微信小程序……当然实体店没有必要做全平台，这样不仅收效甚微，可能还适得其反。

因此，怎么选择合适的渠道，实体零售店不能盲从，要针对自己的产品和服务做出客观实际的策略，打造全方位、全渠道、跨平台的营销模式，最终形成"实体店＋线上＋手机客户端"的立体电商模式。

（3）提高产品和服务质量

实体零售店不能脱离消费者，更不能以产品为中心；相反，应该以消费者为中心，以产品和服务的质量为核心。

当然，实体零售店需要像线上电商那样的黑科技，需要云端分析和大数据支持。但是不应该制造太多的科技噱头，以免本末倒置，毕竟所有的营销手段的最终目的都指向实体店的产品质量和服务。

（4）打造线上线下用户圈

无论是线下实体零售店，还是线上平台，都讲究稳定，这个稳定包括供应链的稳定和客户群体的稳定。

对于一个实体零售店来说，其中最难的是如何打造出属于自己的用户圈，并且长久地维护这个用户圈，让用户喜欢这里的产品，喜欢这个品牌和店铺。可以确定的是，一个实体店只有拥有自己的用户圈，才能稳定经营。比如，苹果就拥有自己的用户圈，苹果一发布新品，其用户就会在苹果实体店外排起长龙。

打造用户圈的方法有两种：一是开放式用户圈，比如通过优惠券、二维码、产品和服务累计的用户，这种用户是开放式的，具有不稳定性；二是在开放式用户圈上用积分制、会员制，提供更多实在的优惠和优质的产品，将他们稳住后，这批用户就从开放式用户变成了稳定的封闭式用户。

3.6 未来展望：线下实体店会不会永远消亡

虽然在互联网兴起时，电商凭借其自身无可比拟的优势，在成本、供应链、物流等多方面碾压线下实体零售店。但是随着新零售时代的到来，实体店被掩盖这么久的真正实力也逐渐显现出来，阿里的盒马鲜生、京东的京东家电……这些全都在证明：实体店永远不会消亡，它会一直存在，并且在未来，它会和线上电商融为一体，爆发出惊人的力量。

（1）时机尚未成熟

我国电商之所以发展这么好，靠的是物流的便捷和成本的低廉。而对于实体零售店来说，租金奇高，员工工资一再被挤压，服务质量惨不忍睹。

从马斯洛的需求层次来看，目前我国普通群众处于满足基本的生活需求，还没有上升到追求高品质的物质生活。因此，盒马鲜生之类的电商实体店的服务对象并不适合所有消费者。等到我国中产阶级崛起，那时或许就迎来了实体店真正的春天。

（2）线上线下并不真正冲突

自从电商依靠互联网优势迅速发展之后，有些人就很悲观地认为："电商要完全取代线下实体零售店了。"

而事实上却不然，线下实体店和线上平台并不冲突。如今，随着新零售的出现，很多实体店为谋发展，主动或被动布局线上，开始进驻部分线上电商平台。加之，电商也逐渐意识到线上、线下全渠道的重要性，它们也开始和线下实体店融合，布局线下。

无论是苏宁成功进军线上的苏宁易购，还是阿里的盒马鲜生、京东的京东家电，这些布局在线下的实体店都在告诉我们：线上、线下是两种模式，两者并不是水火不相容，它们反而可以完美地融合在一起，发挥出各自的力量。

（3）消费群体在变化

随着90后、95后年轻消费群体参加工作，其消费能力也不断提高，甚至在电子产品等时髦领域，他们已经成为主要的消费群体。不得不说，这部分人成长在一个物质丰富的年代，实体零售店不一样的体验和关怀往往更对他们的口味。

第 4 章

实体店机遇：
新零售给行业带来新变化

每一个行业都不是一成不变的，它是永远处于发展之中的。"新零售"的出现，无疑会改变整个零售行业现有的结构、层次，推动整个产业优化升级。要想在新零售中存活，你得了解零售行业发生了哪些变化，它又是怎么变化的。

4.1 线下线上融合之后带来的变化

淘宝、京东每年"双十一"可以产生上千亿元的成交量，令人咋舌。很多线下企业如苏宁等也纷纷开拓线上业务，意图在这硝烟滚滚的战场分得一杯羹。

不久之后，随着消费者的消费心理和消费习惯发生变化，商业基础设施在高科技时代愈发完善，以及线上红利的消失、资本玩家的退场，线上业态逐渐显现疲软，亟须变革。

2016年10月，马云在阿里云栖大会上首次提出新零售概念。同年11月11日，国务院办公厅印发《关于推动实体零售创新转型的意见》，定下了新零售创新转型的基调。

新零售业态出现后不久，关于新零售的理念蔚然成风，并呈现井喷式发展态势。在此情形之下，京东、阿里开始布局线下，分别与五星电器、苏宁达成战略合作。继当年的线上之争后，线下实体店成了它们的又一主战场。

那么，线上电商与线下实体店融合，线下实体店成为新零售主战场之后，会带来哪些改变？

（1）推动实体店升级

正所谓"人靠衣装，佛靠金装"，电商布局线下，与线下商家达成战略合作，从最直观的角度说，它们的融合至少会推进实体店门面的升级。

一是装潢和设计风格的升级，使实体店摆脱千篇一律的门店风格，给顾客带来耳目一新的体验，从而吸引更多线下新流量，巩固原有的流量。

二是电商会给线下实体店带来最新黑科技，如沉浸式体验的虚拟现实技术、实时监控价格和同步价格的电子价签、门店资源数字化……有了这些黑科技的加持，门店升级的同时，也提高了消费者的体验。图4-1所示为京东与五星电器合作的京东家电专卖店。

图4-1 京东与五星电器合作的京东家电专卖店

（2）双方品牌互相助力

线上与线下达成合作后，通过分析线上的热销商品数据，可以将线上热销商品同步至线下。此外，双方还可以互相填补各自领域的商品空白，比如，线上可以上架实体店独有的产品，同样线下实体店也可以在柜台展示线上商铺才有的商品。

（3）线下线上互动

线下线上除了商品之类的实体资源共享，还可以实现互动，将线上流量引导到线下，或者将线下实体店流量吸引至线上。具体做法：线上发布只能实体店使用的电子券，或者扫描二维码关注线上商城可以使用实体店优惠券。

这种线下线上的有机融合，以及它们之间的全渠道共享，可以融合线下实体店和线上数字化商场的优势，从而彻底消除线下线上零售之间的界限，真正实现京东提出的"无界零售"中的"商品无界"和"消费场景无界"。例如，JOY SPACE京东无界零售快闪店正是契合了"无界零售"理念。

（4）统一仓储物流

线上线下可以统一调货，共享对方的进货和销货渠道，以达到线下实体店销售和线上网络销售结合，网罗不同类型、不同消费层次、不同场景的消费者。

此外，线上线下统一仓储物流，除了可以降低仓储物流成本，还可以提高仓储物流的利用率和效率，降低调货的错误率和退货成本。

4.2 重构人、货、场就是实体店新零售最大的变化

随着新零售的影响以及消费者心理和习惯的变化，传统实体零售店的"消费者"正在升级为注重体验和服务的"用户"。以往的消费者需要的是传统的标准化工业产品，如今的用户需要的是具有个性化和风格化，甚至带有"私人订制"特点的产品。同时，传统的单一卖场场景也已经转变为复合线上、线下的复杂场景。

（1）以用户为中心

在消费升级的情况下，用户的消费主权意识慢慢觉醒，那些以产品为中心的日子一去不复返，取而代之的是以用户为中心。可以肯定的是，新零售是以用户为中心，而且未来零售行业不管怎么改变，以用户为中心这一点是不会改变的。

以用户为中心，体现在以下两点。

① 在企业内部环节上，企业重构内部结构，在货源、生产链、渠道上进行优化，给消费者提供优质的产品。

② 在消费者身上，企业应该以消费者的需求为生产目标，通过Wi-Fi指纹追踪、顾客活动热力图、对顾客线上线下购买记录监测、对顾客在线上商铺浏

览记录检测等技术手段，精准地描绘消费者画像，构建一个消费者数据库，从而制造出消费者满意的产品；在配送和店内服务上，企业应该学会换位思考，站在用户的角度思考问题，为消费者提供便捷的服务和优质的体验。

（2）重构对"货"的认知

货品的外延已经发生变化，传统零售对"货（即商品）"的认知相对来说是比较狭隘、片面的。随着新零售时代的来临，商品的内涵变化基本不大，而它的外延已经发生了变化。传统的思想认为，商品是一种实体物件，但新零售中说的商品不仅包含实体物件，它还可以是商家提供的一切服务，也可以是网络虚拟物件（游戏币、代码库、软件处理的图片等），还可以是知识、课程。

（3）"场"已发生翻天覆地的变化

传统零售实体店所说的"场"是一个单一的场所，一般来说就是实体店本身。然而，在新零售中，"场"的外延扩展了，"场"不再是指单一的场所，而是指的场景——一切可以进行消费行为的地方，它不再局限于传统实体店，可以是办公室无人售货架、手机APP端、电脑端等。

此外，消费者在意的不再是哪个具体的场景，更多的是要求企业做到"30分钟送货上门""同城快购""全球快购"等便捷服务。

4.3 新零售对实体店的机遇与挑战

零售行业进入新零售时代后，线上电商与线下实体店开始融合，它们之间的互补究竟会给实体店带来哪些机遇？

（1）降低线下实体店之间的恶性竞争

传统实体店无法准确获取用户的消费数据，无法构建一个准确而又清晰的消费者画像，一些实体店只能去估计消费数据，从而进购畅销的商品，这种估计带有太多主观性和不确定性，容易导致采购回来的商品滞销。

甚至一些商家直接跟风同行，别人什么卖得好，他也跟着卖什么，从而导致零售实体店之间盲目跟风，造成恶性竞争，商品同质化严重，最后两败俱伤。

但是，如果实体店有了电商数据的支持，它们就能准确把握消费数据，进而利用店内数据分析市场动向，将消费者的会员信息、积分、常购清单等数据数字化，进而利用数据决定定价、折扣、采购时间。

（2）获取线上电商的渠道支持

在渠道和一些商品品类上，线下实体店可以与线上电商融合互补。同时，线下实体店可以利用双方合二为一的市场占有率，获得更大的商品采购话语权。

不可忽视的是，在实体门店的拓展速度和门店互联网化上，线上电商的互联网技术和经验将会推动线下实体店进步。如线上电商大数据精准定位消费人群，无人便利店可以转移部分消费者至线下实体店。

当然，机遇与挑战是并存的，有机遇的同时，必定伴随着挑战。电商布局线下，除了给实体店带来机遇，同时也带来了不少的挑战。

（3）线下线上难以真正融合

电商整合资源的能力远非实体零售店可比的，如阿里和京东，它们除了拥有庞大的数据库和天然的垄断优势之外，还能在市场和资本界呼风唤雨。相对来说，实体零售店整合资源能力弱，与这样的电商合作，也不见得一定是好事，各方面的差异是直接导致双方无法融合的根本原因。

在战略合作上，实体零售店和电商可以说双方各有考量，线下实体店想获得线上电商的技术和渠道支持，加快其他门店在全国范围内的快速扩张；而电商是想从线下获得大数据，并通过分析大数据，以此来生产消费者需求的产品，提供优质的服务，发展和扩大企业在线上线下的影响。

在这种情况下，实体零售店拿到的仅仅是技术，而数据在电商手里。从某种程度上说，电商会垄断实体店的数据。

（4）成本难以有效控制

无论线上线下，它们之间的本质都是为消费者提供物美价廉的商品或服务。从这一点来说，无论是线上纯电商，还是线下实体零售店，抑或是新零售，都无法绕开成本这个问题。

线下与线上合作，一是线下实体店在物流和仓储上配合线上商城；二是线上为线下实体零售店提供技术和数据支持，为消费者打造全新的体验店；三是兼顾前面两者，双方互相发展。这3种形式的合作，无论内容和形式多么新奇，若还是沿用以往的结构、物流，不进行一定的改革，成本势必居高不下，这是最大的挑战。

当然，电商和线下实体零售店可以尝试从资金占用率、时间、人力成本、物流成本上来控制成本上升带来的风险。

4.4 新零售比传统实体零售"新"在哪里

不管是线上还是线下，大家都在经历行业的巨大变革，大家言必谈"新零售"，"新零售"与"零售"一词仅一字之差，两者内涵却有天壤之别。那么，和印象中的传统零售相比，大家都在谈的"新零售"，它究竟新在哪里？

（1）新零售新在"新业态"

新零售既不同于传统零售业态，也不同于互联网刚兴起时的纯电商业态，它是两者的结合，再辅以当前的云端数据分析、大数据等黑科技。

(2)新零售新在"新技术"

传统零售实体店是没多大技术含量的,顶多一台电脑、一部收银机用来收银,外加一位收银员。而新零售运用的都是高科技,收集和分析用户数据,从而向用户推荐个性化的服务和产品。如用Wi-Fi指纹追踪顾客信号强度,来优化商品货架的陈设;用各种微电子系统精准描绘顾客活动热力图;用LED灯的发光频率来定位顾客在店内所处位置以作分析数据之用。

时代在不断变化,新零售在不断变化,消费者的需求也在不断变化。消费者从线下延伸到电脑端、手机端,如今甚至已经深入到直播平台、小视频平台和智能家居平台……他们未来甚至会延伸到AR(增强现实)和VR(虚拟现实)领域。所以,消费者是推动商家科技落地的根本动力。

(3)新零售新在"新人群"

随着国内GDP连年增长,以及人均收入水平的不断提升,国内消费人群、消费结构、消费习惯、消费偏好等也发生了改变,80后组建了家庭,90后逐渐步入职场,00后的消费能力也在逐年增强。他们偏于年轻化,成了当前市场的消费主力军,直接改变了当前的消费结构,促进了新零售的发展。

80后、90后和00后善于接受新事物,远如互联网,近如网购、AR和VR技术;而且他们内心的消费者主权意识逐渐被唤醒,他们追求个性化的产品、风格化的服务,注重产品和服务的体验,而非像以往的消费者那样过于追求性价比。

● 4.5 各大电商布局线下,实体店将重新崛起?

"双十一""双十二"是电商企业制造出来的节日,是我国消费者的狂欢日。2009年"双十一",阿里电商平台交易总金额仅仅0.52亿元,2012年"双十一"，阿里电商平台交易总金额高达191亿元，其增长速率令人咋舌。2017年天猫"双十一"全球狂欢节当天交易额高达1682亿元；而2019年的"双十一"当日仅用1小时3分59秒，天猫成交额突破1000亿元，此增长速度令人惊叹。

电商线上交易额疯狂增长，说明电商已经很大程度地挤压了线下传统实体零售店的利润空间。很多实体店因为门可罗雀、生意惨淡，或者所营收的利润无法承担商业中心高昂的租金，又或者实体店的渠道纷纷转向线上电商，导致实体店成本激增而关门……以上种种，似乎在说明实体店的末日已经来临。

但是事情没有那么简单，2017年零售业格局发生了变化，8月6日阿里宣布其"北京中心"，并公告天猫最新战略计划——打造"三公里理想生活区"。8月9日，京东也开始进军线下，提出年内建设300家3C零售体验店❶。2019年，零售业继续硝烟四起，阿里巴巴入股居然之家、红星美凯龙两大家装巨头；与此同时，京东联合曲美推出时尚生活馆。

自此，电商们纷纷仿效，开始大规模布局线下，与实体零售店达成战略合作，在技术、数据、物流、仓储上互补互助，实现共赢。

线下线上融合的这种模式，也就是新零售，线上线下统一价格、统一产品、快捷的物流等改革，使得实体店以另一种形式重新崛起，焕发出新的生机，"新零售"也成为时代发展的一大趋势。

4.6 智慧时代1：大数据助力新零售

马云提出"新零售"之后，刘强东提出"无界零售"，苏宁提出"智慧零售"。无论它的名字多么五花八门，它最大的特点——基于大数据和互联网，

---

❶ 虽然京东在3C零售体验店上碰了壁，但五星电器和国美电器的入驻，意味着"无界零售"已经初有成效。

并使两者深度结合的特点是无法改变的。

毫不夸张地说，大数据是新零售的命脉，是新零售的核心竞争力，没有大数据就没有新零售。甚至可以这么说，新零售是依托于大数据而产生的，同时新零售自己发展的过程中，需要更加精准的大数据。所以，大数据催生了新零售，新零售反过来促进了大数据的发展，这两者有相辅相成的关系。

（1）大数据带来低成本、高流量的巨大收益

随着互联网的发展以及互联网用户的激增，互联网每天的数据吞吐量是一个天文数字。大数据具有容量大、种类多、速度快、成本低等特点，谁要是把握了这些大数据，谁就把握了消费者的心理，把握了产品的走向。如果没有大数据来分析市场，企业就会和消费者脱节，无法提供满足消费者需求的产品，在其他公司的挤压下，这个企业就会失去核心竞争力。

（2）大数据能精准而又多角度地贴近用户

大数据能协助企业或店家分析线上线下的顾客行为和消费习惯，重构以大数据为核心的新型经营模式，通过企业自身积累的消费者资源、用户标签、各个场景中的消费数据，在很大程度上真实而又准确地还原消费者特征画像，以此来挖掘用户潜藏的消费需求。

大数据和传统零售数据不同的是，大数据不仅更精确和真实，而且不掺杂任何情感等外在因素，客观性极强。

（3）大数据能给用户带来更真实、更震撼的现场体验

线下购物最吸引消费者的是现场能够感受和体验产品，从而决定是否购买产品。恰好，线上最缺的就是产品带来的真实体验，如果说线下实体店带来的是立体的全方位的产品体验，那么线上商城里的文字、图片、音频、视频等第三视角的介绍带给用户的是二维的、扁平化的体验。图4-2所示为淘宝商城中某智能手机的文字、图片及视频介绍。

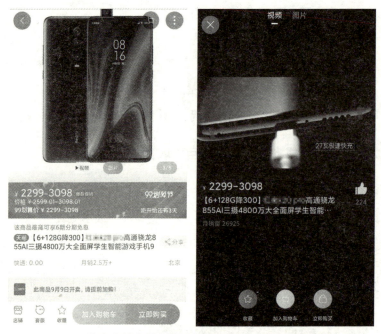

图4-2 淘宝商城中某智能手机的文字、图片及视频介绍

为了弥补线上缺乏真实体验的不足，新零售应运而生，它利用微信小程序、微信红包、VR、AR等最新黑科技采集、分析用户数据，不断完善用户体验，提升产品在用户心目中的定位。

（4）大数据能有效提升供应链的效率

传统零售时代的供应链基本都是靠人工完成，工人是供应端的核心动力，是他们在采集数据，完成产品分类、拣选、包装和运输。这种全人工的供应链缺陷极大，往往带有数据不足、产品分类错误率大、运输过程中损坏率高等缺点。

而有了以大数据为基础的新供应链，人工只是整个供应链中的辅助环节，如美团推出的"无人微仓"，如图4-3所示。大数据的加入将推动供应链产业升级，整个核心也会完成人工向大数据的转化。供应端再也不是以往那么被动的供应端，它会通过大数据完成商品挑选、价格预测、计划采购、自动补货等职能。

图4-3 美团"无人微仓"

4.7 智慧时代2：VR加持下的新零售别具风范

VR是Virtual Reality的缩写，意为虚拟现实，它是一种可以创建和体验虚拟世界的计算机仿真系统，包括计算机、电子信息、仿真技术，其基本实现方式是计算机模拟虚拟环境，从而给人以环境沉浸感。

（1）VR购物逐渐流行

大家在游戏领域和影视行业最常听说"VR"这个名词，随着VR技术的普及，VR购物给很多消费者也带来了便利，如家居行业运用VR技术，可以让用户足不出户，在家用VR全景看房。

据相关数据显示，至2025年，全球将有5%的用户使用VR购物，且交易规模将达到5000美元/笔，预计总共可达到1580亿美元。从这组数据可以看出，这种沉浸式体验购物将逐渐流行，成为最强大的新零售购物类型。

2016年4月1日,淘宝推出全新VR购物方式——BUY+。2017年5月26日,京东也推出面向VR和AR的"天工计划"。消费者可以利用VR试用各种产品,如VR试穿衣服、VR化妆效果等。

阿里和京东试水VR行业,这些举措很有可能和当初"互联网+"一样,颠覆整个我国零售业的商业格局,实体店与电商的关系将再一次变得更加紧密。

(2) VR推动新零售升级和变革

当VR技术普及后,它将会在人力、脑力等方面降低人们在获取信息时所耗费的成本,大大提高营销效率。

此外,VR还能使用户获得沉浸式的、第一视角的体验,从而推动线下实体店优化升级,使得电商的VR技术能够快速落地,推动线上线下进一步合作。可以预见的是,在不久的将来,VR将成为新零售行业的中流砥柱,并推动整个新零售业的产业升级和优化。

第 5 章

实体店转型：
升级新零售模式路径探索

我国零售市场的竞争一直都是相当激烈的，实体零售店存在着利润率挤压严重、运用成本大幅提高等问题。那么实体零售店究竟该怎么面对这个困局呢？接下来我们学习本章的内容，探索新零售的商业模式。

5.1 如今的实体店，究竟面临着哪些困境？

在城市的大街小巷，除了人流量大的商业广场、商业大厦这些商圈中心地带，其他店铺冷冷清清、门可罗雀，写着旺铺转租、店铺升级、门面到期等横幅和小传单的比比皆是。这不是美国经济大萧条的那一年，而是我国某些中小城市2016年出现的场景。

随着大数据、人工智能、虚拟现实技术的成形和普及，以及电商的不断挤压、网上商店对市场的蚕食、经济的不景气，新零售作为后来居上的一种新模式，它不断地冲击着线下实体店。那么，如今的线下实体店，究竟面临着什么样的困境呢？

（1）实体店成本太高，收益式微

当前，实体店面临着员工工资、仓库管理成本、货物购买与运输成本等压力。因为电商线下实体店对运输渠道的抢占，导致运输成本增加，加之电商线下产品在价格上抢夺客户资源，实体店承受的压力非比寻常。

然而，这些成本还是其次，最大的成本是店铺的租金，尤其是地处商业中心的实体店。一方面，它们要面对来自拥有强大资源的专卖店、电商线下旗舰店的冲击，另一方面还要承受高昂的店铺租金。

以上所说还不是实体零售店全部的成本，只能说房租才是其中最大的成本。但是房租是由地产开发商决定的，不是实体零售店所能决定或影响的。

更重要的是，实体店租期与普通住宅租期不一样。据悉，普通住宅租期一年起步，而实体店租期是三年起步，甚至更长。近几年房价年年上涨，虽然2018年有短暂回落的现象，但房租依然水涨船高，实体店的成本压力可想而知。

（2）实体店难以跟上当今的网络技术

当今，各种高科技技术和产品日新月异，电子商务对社会和生活的影响与日俱增，看到众多电商的网络销售非常成功，很多实体店也纷纷试水电子商务，尝试加强或转型线上销售，以求复制电商的成功之道。

这就是实体零售店的矛盾之处，稍不留意，它们就容易陷入照搬电商习惯和模式的窠臼。对于长期线下销售的实体店来说，它们一味照搬电商成功之道，不懂得变通，也不思考电商成功之道对于自己的发展有何借鉴意义，不挖掘电商线上营销背后的商业逻辑。这一味照搬的做法，在线下可能成功率比较大，但是套用在新零售上，若不加以创新，到头来亏损的还是实体店自身。

有意思的是，有些实体店连同行布局与装修都照搬，这种固化的思维导致它们在线上销售频繁受挫。另外，实体店长年扎根线下，其客户资源与渠道也大多在线下，加之对网络技术应用的疏离，它们难以适应电商那种网络销售，也就难以大展拳脚。

（3）消费者群体的习惯已悄然发生改变

在阿里巴巴、京东、拼多多这些电商大企业的冲击和影响下，消费者从心理到习惯都已经悄然发生了不可逆转的改变。

总的来说，电商平台拥有比实体店更低的价格，这一点是最具吸引力的。同时，消费者还可以在手机或电脑上一键下单，省去他们逛超市、逛商场的时间。在网络下单后，电商的物流配送可做到当日达或次日达，这种便利是实体店难以做到的。因此，网上购物广受消费者的追捧。

以往网络购物存在大件商品有质量差、服务不周到的问题，但随着电商平台大刀阔斧的改革，拼多多推出了"品牌推广计划"，力求高质量、低价格的良心产品。

以上因素综合在一起，导致了以80后、90后为主体的年轻消费群体被电商平台带去线上。加之年轻人是一个极具个性化、有着独特爱好、接受新技术和新信息能力强的群体，电商想方设法提供畅销对味的产品紧抓年轻人心理，并为他们提供对口味的多样化选择，最终导致消费群逐渐疏离实体店，以往年轻人肩并肩、手挽手穿梭于高楼大厦的画面似乎也渐渐减少了。

（4）电商布局线下，抢占实体店市场资源

随着新零售时代的到来，电商线上平台逐年乏力，它们开始布局线下，抢占实体市场资源和渠道，甚至直接将一些实体店并入旗下。

阿里先是入股了银泰商业，随后又推出了购物中心平台喵街、淘宝会员体验厅、盒马鲜生等实体零售店，之后又对口碑网战略增资60亿元，最令人难以置信的是对苏宁战略入股283亿元。京东先是推出了京东到家、京东智能奶茶馆、京东帮服务店、京东电器专卖店、京东大药房等，后又以43亿元入股永辉超市。

此外，还有三只松鼠、茵曼等靠线上起家的电商品牌，也都纷纷开起了实体店，进一步抢占线下资源。

比如茵曼，该电商品牌2011年起开设第一家实体店，后来又开始实施"千城万店"加盟项目，截至2019年上半年，茵曼开设实体店超过600家，一二三四线城市均布局有茵曼实体店。

可以看出，这些电商将触角延伸到线下，本就利润逐年减少、租金年年上涨的实体零售店如今又被电商实体店抢占了原本就缩减了的实体店市场，真可谓雪上加霜。

● 5.2 实体零售做线上如此艰难，有这四大痛点

宁波三江购物宣布出资1000万元成立电子商务子公司，又一家实体零售向电商发起进攻。在实体零售如火如荼涉足线上的今天，我们很少看到哪家实体零售在线上业务上获得成功，就连业内典范的苏宁易购也依然遭人诟病。

为什么实体零售做线上如此艰难，今天提出几点实体零售做电商的痛处，看看你的公司中招了没？

（1）人才缺乏

兵马未动，粮草先行，人才就是实体店做电商的粮草，其重要性不言而喻。实体店做电商时，在人事的任用上一般有两种做法。

① 聘用现有的电商公司高管。这些高管多年的电商从业经验，对于做电商可谓轻车熟路，从表面看确实是实体店做电商的不二选择。我们看到大商集团启用原京东副总裁刘思军开拓天狗网，宁波三江也启用了原库巴网副总裁担任总裁。这些人都是伴随着互联网成长起来的，带着互联网的基因。但是，他们对实体店的操作模式是相对陌生的，实体店做电商躲不开已有的实体资源优势，采用纯电商高管势必会造成双方理解上的差异。

② 依旧启用传统零售高管。传统零售高管对行业操作和掌控都非同一般，做电商时遇到的阻力会小很多，也容易利用现有的实体资源。但是他们对电商的运营操作知之甚少，一切行动只能在摸索中前进。举个典型的例子，飞牛网除了创建时启用了一些电商高管，大部分人才都是从大润发抽调的。

目前，很少有实体店做电商成功的案例，主要原因是缺少能将线下和线上同时统筹的专业人才，这对于企业来说，真可谓人才之痛，痛入骨髓！

（2）物流配送

电商之利在于购物体验，物流配送快捷与否是评价购物体验好坏的重要指标。实体店有强大的线下实体店资源，做电商时往往会选择O2O送货模式：其一，线上订单门店取货，可是到门店取货率真的高吗？其二，区域门店为线上订单提供仓储配送，但是往往会忽视配送这一最后一环的建设。

很长时间以来，实体店做电商物流配送会选择两种方式。其一，第三方物流配送，送货时效多为次日达或隔日达。可是实体店做电商，其客户大多是各个门店商圈周围的顾客，顾客会抱怨：买一个东西需要次日达，我为什么还要去你那买？和市面大多数电商有什么区别？当然，京东、天猫超市等在很多城市已经实现当日达了。其二，自建物流配送，无论是统一建物流配送，还是在每家门店建一个物流配送系统,都是重大资产投入。如果订单量太少,则难以覆盖物流成本。

在阿里巴巴都做菜鸟网络、京东投巨资建物流系统的今天,实体店做电商,物流之痛,痛不可忍!

(3)投入和产出不成正比

实体零售店长期以来的思路是投入就要在一定时间内有产出,没有产出的事情很难在实体零售做成。而电商在开始则是高投入、低产出,而且是要持续高投入。

但是对于实体零售店而言,在前期相对高额投入后,内部发现产出很低,甚至在赔钱,就难以获得公司内部更多的支持,电商项目就会慢慢变成实体零售的一个附庸。很多实体零售在刚开始高调宣布投资多少钱进军电商,可是一段时间过后就悄无声息了。

《三问黄明端:飞牛网十亿花在哪了》之中也陈述了,就连背靠大卖场领头羊的高鑫零售集团的飞牛网,也因为钱的问题而发愁。

实体零售做电商受投入产出限制,沦为公司附庸之痛,痛彻心扉!

(4)无外援,资本不被看好

国内电商的发展一直伴随着外部资本的注入,因为投资机构的资金支撑了京东、阿里等各种电商企业的发展。实体零售做电商在企业内部无法获得大量资金支持的情况下,也可以寻找资本市场的支持,可是我们沮丧地发现,并没有资本看好它们。2016年上半年,超过170家的电商企业获得了融资,可是在这个名单里没有找到一家由传统零售领域公司创办的电商获得融资。似乎,资本世界也抛弃了它们。内无强力支持、外无资本支持的实体零售做电商,一步一痛,痛不欲生!

传统实体零售做线上难,内无支持,外无援兵。虽然它走的是一条充满荆棘的路,但仍有一大波公司争当先遣军,慢慢摸着石头过河。大润发、沃尔玛、家乐福、永辉、银泰、天虹、大商、三江等，我们应该像每一个探寻商业变革的先行者致敬，万一实现了呢！

5.3 难道这才是真正意义上的永辉超级物种？

2017年7月21日，"超级物种+Bravo"的永辉超市的双业态门店在南京市秦淮区茂业天地正式开业，这是永辉新零售业态与永辉碉堡品牌首次结合，也是超级物种首次进驻南京。

据了解，超级物种南京秦淮店门店面积约800平方米，包含在原有的Bravo永辉茂业天地店里，但独立财务操作，独立收银。而Bravo永辉茂业天地店门店面积4000平方米，于2016年12月9日正式营业，是永辉超市"精标店"的全国第二家店，也是华东区首店，主打Slow Food（指慢食），注重"餐饮+零售+智能体验"的结合，商品近60%是进口商品。

永辉超级物种南京秦淮店店长许涛表示：超级物种秦淮店以择物工坊、盒牛工坊、波龙工坊、鲑鱼工坊、麦子工坊、生活果坊、手工包坊等几大工坊为主，和Bravo永辉超市的花坊、咏悦汇一起为客户营造精致美食超市一站式购物体验。

在超级物种门店，消费者可以通过自助收银机买单，支持微信、支付宝、永辉购物卡、银联等支付方式。此外，只要是在超级物种门店看到的商品，消费者均可以在永辉生活APP上直接下单，无需排队买单。如果在APP下配送单，3000米内最快30分钟送达，在家即可享受店里的美食。

另外，超级物种南京店的亮点在于与Bravo的融合。事实上这种融合在我看来是早有预谋的，主要体现在以下几个方面。

营业面积：超级物种每一家店的体量在500~800平方米不等，更像一个超级社区店，与它的目标对象盒马鲜生动辄4000~5000平方米甚至2万平方米差距太大。

经营结构：超级物种是由择物工坊、盒牛工坊、波龙工坊、鲑鱼工坊、麦子工坊、生活果坊、手工包坊叠加而成，这几个工坊均是永辉超市过去几年在门店的改造尝试。如鲑鱼工坊是永辉在2015年底的全新尝试，它的目的是吸引更多中产阶级消费人群。随后，永辉超市又尝试开出了以烘焙为主的麦子工坊、以牛排为特色的盒牛工坊和以龙虾为主打的波龙工坊，形成了永辉旗下四大餐饮工坊。2017年初，这些工坊全部拿出并集中在一起开出超级物种，其尝试的目的也很明显。

扩张趋势：永辉超级物种进京的首家店就开在永辉鲁谷店一层，面积在700平方米左右，与永辉绿标店在一起，共同分享客流。并且，永辉方面表示：未来这种与绿标店共享位置的超级物种大概占比20%。

在联商网顾问们看来，超级物种和Bravo的结合，让这家店集"高端超市+食材餐饮+永辉生活APP"于一体。它既是超市，顾客可以选购食物带回家，也是餐厅，顾客可以选择食物让大厨现场烹饪；也可以享受便利的线上体验。超级物种以店面为中心，深度融合了线上线下。

在超级物种聚客能力、运营模式基本得到证明的情况下，尝试超级物种与绿标店相结合对永辉来说有重要意义。如果这种结合模式得到证明，那么不仅是超级物种与永辉超市的资源可以共享，两者结合打造出的将会是一个大体量的超级物种，其对标盒马的战略目标将会更进一步。

截至2019年初，超级物种已进驻福州、厦门、深圳、南京等10个城市，同时永辉全新打造的便利店模式——永辉生活也在快速复制。

● 5.4 京东与沃尔玛合作的上海首家专卖店开业

2017年10月初，京东与沃尔玛合作的首家京东专卖店在上海开业，这是自2017年6月18日，由京东和沃尔玛联手打造京东之家后的又一次举措。

京东方面表示，继京东之家合作模式后，这是他们与沃尔玛的进一步探索与尝试。本次上海沃尔玛京东专卖店的开业是双方又一次深度战略合作的开始，同时，沃尔玛京东专卖店也将成为京东在商超渠道合作与零售创新模式的一个全新业态试点和范本。作为布局的重要方向，未来京东也将与更多商超类渠道达成线下零售创新店方面的战略合作，并逐步将这种实践拓展到全国。

沃尔玛中国大卖场采购部高级总监张媛媛表示，为了给顾客提供更丰富的购物选择，沃尔玛携手京东扎实推进线上线下无缝链接的零售创新模式，双方不仅在商品上实现优势互补，更可通过供应链的协同优化降低成本，提供更为优惠的价格。同时，双方也可以依靠沃尔玛强大的线下客流和京东的线上大数据，更精准地把控消费者的偏好，便于商品的二次迭代，进一步提升顾客的购物体验。

京东3C事业部零售创新业务部总经理张兵表示，沃尔玛京东专卖店除了有丰富的选品，还有电子价签等应用互联网高科技的产品。此外，基于京东大数据的智能选品技术，可以通过沃尔玛对坐标3000～5000米的社区人群进行精准画像，根据人群消费点击量、热搜排名、下单指数、好评率等大数据，将选品精选推送给门店。另一方面，沃尔玛京东专卖店的开设，可以对双方的客群结构进行优化与互补，增加用户黏性。同时可以提升商圈整体的客单价，这是一个资源共享、能力共享、利润共享的双赢合作局面。

在上海沃尔玛京东专卖店85平方米的空间里，装修简洁明亮，场景设计活泼鲜艳，陈列商品种类高达百余种。店内主要以售卖3C商品为主，同时所有的商品都与京东线上同价，商品价签都配有电子水墨屏，顾客只需扫描电子价签的二维码，便可以跳转到京东页面，进一步详细了解商品详情及评价。消费过程中，顾客不仅可以在店内轻松购买到现货产品，对于店内没有的心仪产品，也可以通过京东线上进行下单，享受同样极速的京东物流服务，省时又省力。

● 5.5 三只松鼠首家线下店盈利怎样？我们算了算

三只松鼠，一直是一家网红公司。2019年三只松鼠全渠道销售额已突破

100亿元，2019年7月12日三只松鼠成功登陆A股，市值超过200亿元人民币。

三只松鼠作为一个2012年才成立的互联网公司，靠卖坚果成长为行业独角兽，令人惊叹。2016年9月30日，三只松鼠在芜湖开了第一家线下店，取名三只松鼠投食店，如图5-1所示。这家店开业一个月销售额达240万元，客单价80元，引起业内热议。那么这家小店到底怎么样，笔者作为神秘顾客去体验了半天。

图5-1　三只松鼠线下店

（1）品牌IP化、休闲化明显

三只松鼠从2012年诞生以来，就自带IP的天然优势，作为休闲零食类的独角兽，休闲也是其标签之一。三只松鼠掌门人章燎原曾表示，未来的三只松鼠要走IP化路线，会好好运用"松鼠"这一IP。在这家线下门店里，三只松鼠IP和休闲特色得到了充分展示。

笔者看到，这家店门口有三只堆叠的松鼠，店里靠近门口的地方也放置着一大一小两只松鼠，憨态可掬。门店所售商品除了普通坚果类休闲食品外，还包含松鼠玩偶、松鼠抱枕、松鼠文具，还有一本叫作松鼠老爹的书，店铺主墙壁的液晶屏上一直在播放三只松鼠系列动画宣传片。

店内工作人员身穿统一休闲服装，整体装修氛围以森林木材色调为主，让人感觉轻松愉悦，另用三分之一的店铺面积设置了休闲座椅和吧台，增加了可以现做的"水+轻食"系列产品，其中以奶茶、果汁为主。章燎原曾公开称："我们欢迎你到这里来玩、来吃、来喝，甚至来逗松鼠玩，但是我们不建议你在这里买产品，我觉得买产品上天猫店就行了，没必要跑到店里来买。"不过每个商品都有价格，到店顾客停留的时间虽然并不长，但都希望买点东西。因此，三只松鼠还是渴望做销售的，从本质上来说，这家三只松鼠实体店还是一家零售门店。

（2）商品陈列不拘一格，SKU线上线下几乎无差别

三只松鼠整个门店的商品没有采用传统零售商条型货架陈列，而是以圆形塔式货架和小型货架陈列，如图5-2所示。价格标签都是采用汉朔电子价签，没有一般零售门店那么明显的主推陈列或者堆头陈列，货架之间间隔宽裕。促销和非促销商品没有明显标识，新品标识和热卖标识明显，但是还有部分区域略有杂乱，未及时整理。

图5-2 三只松鼠货架

三只松鼠方面表示，店铺有只在此店出售的商品，SKU（Stock keeping Unit，单品）数在300个左右。笔者通过清点每个货架发现，当天整个门店陈列商品SKU数不超过300个，且几乎所有商品在线上都有销售，价格也一样。在休闲区吧台上摆放的仅在本店销售的明星同款商品，笔者发现在其天猫旗舰店也同样正在销售。

（3）服务意识有国际范，K吧唱歌有骚扰

笔者在三只松鼠实体店体验了半天，发现其服务是值得点赞的。进门时门口工作人员说的不是"欢迎光临"，而是"主人您好"，顺手给一个可以拖在地上的"投食袋"。

在店内挑选商品时，没有不厌其烦的主动推销，没有人打扰，顾客希望服务人员介绍的时候，招手即到。在结账时，收银员会顺手将商品放进购物袋并打包好递给你，而不是像大部分零售企业一样，将购物袋递给你自己打包。

晚上8:20，店内顾客逐渐多了起来，点歌的吧台也开始使用。笔者正在专注地记录进店顾客数，突然被一阵刺耳的歌声打扰，原来是有顾客点歌并唱了起来。这种方式固然能够让顾客有更深的互动体验，可是坐在卡座休憩的顾客会受到明显骚扰，笔者发现周围有不少休息或看书的顾客开始用手堵塞耳朵直到歌唱结束。

走前10分钟，笔者又买了一包芒果干。收银服务人员微笑地说："主人，我发现您今天在我们这待了半天呢，欢迎下次光临。"

（4）周末经济明显，一年能做1000万～1200万元

这家店开业1个月后，三只松鼠曾给出了一组数据，章燎原也称这家店一年的销售应该能达到1000万～1200万元。那么具体情况到底如何，笔者做了一个简单预估。

根据业内通用预估计算方法，当天三只松鼠投食店平均每小时到店顾客数约为118人，每天营业12小时，则当天到店顾客数约为1146人。根据三只松鼠

开业30天公布的顾客进店转化率为22.48%，那么我们得出当天顾客客单数约为257单。

那么真实情况如何？笔者通过分时段买单方式在收银小票上发现：截至16点37分，整个门店结账单数为45单；截至16点44分，结账单数为49单；19点22分结账单数为145单；截至21点18分，店铺结账单数为222单。此时距离营业时间结束还有42分钟，已经很少有顾客进来了。因此，当日三只松鼠门店顾客单数应该在250单左右，与上述进店顾客数推算结果基本一致。

由于当天为工作日，结合当地商圈情况考虑，周末客流应该是平时的3倍左右，而三只松鼠公布的门店客单价在80元左右。笔者大概算了算，三只松鼠投食店工作日平均营业额应在2万元左右，周末节假日平均营业额应该在6万元左右，月平均营业额在92万~100万元。综合考虑，这家店的年营业额在1000万~1200万元。这个数字与三只松鼠公布的预测数据基本吻合。

笔者在三只松鼠所在的金鹰新时代购物中心待了一下午，除了工作人员以外，商场很难看到顾客，从上面记录的数据看，三只松鼠也同样如此。从营业额来看，三只松鼠投食店周末节假日经济明显，周末节假日业绩占超过50%。

（5）一年可收回成本并盈利

作为互联网品牌落地第一店，业内最关心的是这个店到底盈利吗？章燎原在接受记者采访时称："在设想中，一年销售达到800万~1000万元，但根据近40多天的测算，一年的销售应该能达到1000万~1200万元，算上40%的毛利，基本一年就能收回成本，这样的门店开设成本需要100万元以上。"

那到底怎么样，笔者算了一笔账，如下所示。

① **人事成本**：根据公开资料显示，三只松鼠门店店长年薪15万元，普通员工工资在3000~4000元，店内现有员工21名。门店服务人员告诉记者，21名员工其实有一大部分是给新开店储备的，正常情况下员工在7~8人。那么，每年门店人事开支在55万元左右。

② **门店租金**：门店所在购物中心为芜湖金鹰新时代购物广场，其店铺租

金价格保守估计在4～6元/（平方米·日），那么300平方米的门店年租金在45万～65万元。

③ **其他费用**：门店正常维护的水电费用、设备维修费用、促销费用等，这些一年预估在20万～30万元。

④ **毛利**：根据三只松鼠公开披露，其毛利在40%，而据中国产业信息网发布的《2016—2022年中国坚果干果市场分析预测及投资战略研究报告》显示，坚果类平均毛利在20%～30%，远低于其他休闲食品。长期以来，三只松鼠以善于管理供应链著称，因此，其毛利可能在25%～40%浮动。根据营业额预估和毛利，可以得出：三只松鼠投食店年毛利额在250万～400万元。

按最低毛利和最高费用算，三只松鼠投食店在一年内确实可以收回成本，并实现盈利。

零售在变，类似三只松鼠这样落地的互联网企业将会越来越多。落地后如何面对自己完全不熟悉的线下运营模式，利用好互联网思维，运用好自己已有的IP，做好服务，将是这些企业共同面对的课题。有顺丰嘿客的前车之鉴，互联网企业应该少点一厢情愿，多点深思熟虑。三只松鼠的模式暂且还不能谈其成功，但是很多好的东西值得学习，它的未来还有待时间检验。

5.6 天猫新零售体验馆亮相，或是未来5～10年的零售场景

2017年6月17日，天猫在杭州嘉里中心和城西银泰城开设了"新零售体验馆"，批量展示了AR天眼、未来试妆镜、虚拟试衣间等一系列技术驱动的新零售产品。天猫营销平台事业部总经理刘博坦言，这次做新零售体验馆，天猫在这种线下项目中技术人员的投入第一次超过市场人员。这种天猫新零售体验馆，或许可以让人一窥未来5～10年的新零售场景。

如图5-3的虚拟试衣镜，当用户走到镜子前被扫描识别后，镜子内会直接

变幻出另一个虚拟用户，通过对脸型、身高、体重、发型、肤色甚至身材细节的调整，这个虚拟用户会无限贴近用户本人，点击屏幕就可快速试"穿"各种陈列在虚拟货架上的服装。

图5-3　虚拟试衣镜

图5-4　购物大屏

如图5-4的这款购物大屏，它与天猫相连接。屏幕展现多款SKU，用户可以通过扫码下单。在《卡西欧开了首家智慧型门店，把天猫专卖店搬到线下》一文中就提到这款购物大屏。

同时，笔者还在现场看到有AR接口的"天眼"，使用3D识别+跟踪定位技术的"天眼"，可以帮助消费者"透视"商品，甚至与它"对话"。譬如，将手机摄像头对着吸尘器扫描，即可看到其内部马达的转动情况；对着空气净化器和洗碗机，即可看懂其工作原理。

据天猫相关负责人介绍，"新零售体验馆"由天猫与Blueair、Dyson、CPB、兰蔻、资生堂、Nike、New Balance等28个优质品牌合作推出，分为智能馆、风尚馆和运动馆，并配有全息投影区和互动舞台，另有19个品牌在全国8个城市同时推出体验馆。

自2017年5月天猫提出品牌升级为"理想生活上天猫"以后，阿里在理想生活上投入很多。据刘博介绍，这次阿里集团对"618"的态度是投入不设上限，天猫不希望将"618"做成一次纯粹的商品促销，而是希望借此引领消费升级、引领消费潮流。所以，"新零售体验馆"的开放时间也选择了618的关键时刻。

零售发展到今天，很多技术虽然已经实现，但并未大规模运用到零售经营中去。刘博表示，这只是一个开端，很多东西并未成熟，天猫的目标就是将这些技术常态化，让线上线下的链接更顺畅，让顾客体验更好。从现场了解到，体验馆展示的试衣镜将会进入商场，成为服装品牌常规化的试穿工具。

刘博还表示，天猫的"理想生活"就是希望引导消费者知道什么样的商品是好商品，什么样的商品是未来的趋势。同时，阿里希望将"理想生活体验馆"推向更多城市，影响更多城市的核心消费人群。

第 6 章

新零售爆发：
零售下半场之战开始打响

随着各种技术的突破与消费升级，顾客对体验的要求越来越高，电商大的格局基本固定，流量已经触顶，电商们开始寻求新的增量，以东南亚为切入点，进而走向全球，本章主要看新零售如何走向世界的市场。

6.1 新零售的今生前世,你真正看懂了吗?

从2016年下半年开始,"新零售"概念迅速火爆起来。那么,这个词从哪里来,给零售业和电商带来了什么影响,又有哪些案例,今天就来讲一讲。

(1)新零售从哪来

零售一直分两个阵营:线上和线下。这两个阵营在相当长的时间里是对立状态。

随着各种技术的突破和消费升级,顾客对体验的要求越来越高,电商大的格局基本固定,流量触顶,快速增长已经不可能,电商交易在整个零售交易中占比不到20%,打倒线下也是不可能的;而线下零售也面临成本上升、盈利能力下降、顾客挑剔、难以独立做电商等困难。

电商的倒闭潮、实体店的关店潮让行业陷入思考,零售业到底应该怎么发展。行业先行者们发现线上线下不应该对立,未来还应该存在合作的可能。同时,类似移动POS机、自主收银、外卖、零售大数据、门店智能陈列显示屏、电子价签等一系列零售技术得到充分发展。

从2015年下半年开始,多家实体零售企业开始尝试接入美团、饿了么,门店开始使用互联网技术改装,电商也纷纷试水线下门店,同时购物中心和便利店进入高速增长期。

2016年,这种变化开始进入高潮,自助收银门店越来越多,如京东与永辉、沃尔玛、华润与新美大、阿里与银泰、三江、盒马、飞牛网与国美、万达飞凡,注重体验的购物中心高速增长(2016年一季度全国二三线购物中心开业3547家),在大卖场整体营收下跌的同时,便利店却是营收、利润、开店三增长。

在这期间,笔者与业内各高管、专家交谈时,已有很多人明确表示电商已

---

❶ 本文写于2017年,补充了部分数据供读者对比新零售的发展。

经不是阻碍实体零售发展的重要原因，电商界也达成共识，称实体零售值得敬畏，同时大家一致表示互联网和新技术是一个必须使用的工具。

这时，我国零售实际上已经发展到了一个新的阶段，这个阶段叫什么名字大家尚没有一个准确定论。

2016年7月底，我国零售第一门户网站联商网进行多次内部讨论，认为这种零售的新现象应该叫新零售，并且这个现象是零售业未来相当长一段时间的主旋律。与此同时，马云在杭州召开的云栖大会上也提出新零售概念，认为纯电商很难存在，未来是新零售的天下，这就是新零售的由来。

（2）新零售是什么

自新零售这个词被提出来以后，业内对新零售到底是什么展开了多次讨论，它的定义到现在尚无统一标准。

① 阿里观点

马云与张勇： 马云认为传统零售应该利用大数据、物流、电子商务来打造新零售，而在新零售下的电商，又势必会给纯电商带来冲击。所以，零售从业者必须拥抱这个形势，并做出改变。

阿里CEO张勇认为，零售最终还是要回到三个字"人、货、场（景）"。在走向新零售的过程中，整个商业生态中各个合作伙伴必须发生新的反应，这中间包括了品牌商和渠道商的关系、品牌商和零售商的关系、零售商和商业地产商的关系、品牌商和物流商的关系及服务商的关系，这些都必须发生某种意义上的重构。

在阿里百联联合发布会上，张勇表示，现在对新零售的任何定义都是不完全正确的，大家都是在探索。

阿里研究院： 2017年3月9日，阿里研究院发布了新零售研究报告。他们给新零售的定义是：新零售是以消费者体验为中心的数据驱动的泛零售形态，有以心为本、二重性、物种大爆发三大特征。他们认为零售的本质是时刻为消费者提供超出期望的"内容"。

② **其他观点**

联商网新零售顾问团：在2016年10月13日联商网宣布新零售时，云阳子表示，传统零售经营模式以企业效率为中心，新零售的经营模式以用户体验为中心。

新零售方法论可以定义为：用公式表达，新零售＝商品×人；用文字表达，新零售是通过商品来经营人，商品是建立与人的关系，经营人是新零售运营模式的核心。

未来新零售进化有三大路径：线上线下融合，零售O2O或全渠道为主；零售＋体验式消费，以生活服务类的商品为主；零售＋产业生态链。

笔者一直参与联商网新零售工作，经观察认为：新零售是零售业发生重大改变和趋势的概括和统称，不应该来解释它到底是什么，至今应该也没有一种特定模式和定义。《厉玲半月谈》主持人厉玲也认为，"零售没有模式，也没有一种模式能保证零售成功。"

笔者深以为然，新零售不应该有一个固定的定义和模式，它只是一种趋势和方向。在笔者看来，未来新零售趋势有四点：一是线上线下融合；二是互联网基础工具属性的必然；三是新兴零售技术支撑；四是顾客体验和零售场景的扩大。

（3）**新零售的影响**

新零售概念提出后，在零售界也掀起了一股巨浪，对零售行业思想和各个业态间的影响不亚于当年真理问题的大讨论。下面从新零售提出以来资本和零售各业态的变化谈谈新零售的影响。

① 资本市场。自新零售提出后，凡是与新零售事件相关的股票均在短时间大涨。2016年11月18日，阿里入股三江购物，三江购物股票17个交易日暴涨310%；2017年2月20日阿里牵手百联，百联股票连拉两个涨停，同时带动永辉、中百等零售股票涨停。

在随后的3年里，围绕着新零售概念，巨头们利用资本在零售行业掀起了狂风巨浪。实体零售商们纷纷选择站队，截至2019年底，除了华润万家、物美、家家悦、华联综超（综合超市的简称）外，我国主要商超企业纷纷选择被收购或与线上巨头结盟。目前，高鑫零售、百联、三江购物、新华都、银泰百货等企业已归属阿里"新零售"阵营，沃尔玛、永辉、武商、步步高等企业选择腾讯作为转型合作伙伴，迪亚天天、家乐福、万达百货被苏宁收购。涉及企业之多、资金量之大，为改革开放以来零售行业所罕见。

② 各业态变化。自新零售提出以来，零售业的各种业态发生了重大变化。

超市大卖场： 接入互联网企业更多，越来越多超市接入美团、饿了么。出现了以盒马鲜生、永辉超级物种为代表的新型超市，社区生鲜超市成为关注焦点。部分实体零售线上渠道分布情况见表6-1。

表6-1 部分实体零售线上渠道分布情况表

序号	企业名称	APP	小程序	到家平台
1	天虹商场	天虹	天虹	天虹到家
2	银座集团	银座网	银座到家	
3	华润万家	万家	华润万家超市	饿了么、京东、美团
4	金鹰	金鹰购	金鹰购	
5	永辉超市	永辉买菜 永辉生活 永辉全球购	永辉超市、YH永辉生活+、永辉礼品卡等	京东到家
6	联华超市	联华鲸选	联华鲸选、世纪联华鲸选商城等	美团、百度、饿了么、京东到家
7	物美	多点	多点、多点拼团、多点超市	多点
8	步步高		步步高Better购、步步高钱包、扫码购等	京东到家表

便利店： 便利店成为风口，夫妻店被重视，外卖成为常事。具体有京东提出5年百万便利店计划，苏宁试水苏宁小店，阿里推出淘宝便利店，家乐福提

出要加大便利店投入，大润发推出超级便利店。

百货及购物中心：百货大面积调整，餐饮儿童及休闲体验占比增加，购物中心化明显，其中最重要的便是银泰私有化退市、万达百货被苏宁收购。购物中心更加注重体验，互联网化明显。

餐饮：外卖、扫码点餐、个性定制、移动支付成为日常。

3C：在体验和新奇上有重大突破，传统3C零售商正在向智慧与体验转变。苏宁提出智慧零售，同时出现小米之家、宏图Brookstone、Funtalk乐语爱琴海店、奇客巴士等新兴专业店。

经销商：传统地域性经销商、代理商模式正在被摧毁，阿里零售通、京东新通路、掌合天下、易酒批、海鼎千帆计划等供货商或技术商兴起。

（4）新零售案例

自2016年以来，零售业内出现了多个新兴的具有新零售特征和趋势的门店，它们各有特色，特举出几个代表性案例。

① 盒马鲜生。阿里投资生鲜类超市，首店于2016年1月在上海浦东金桥开店，面积4500平方米，创始人是原东京高管侯毅。经过近4年发展，2019年底盒马鲜生全国门店数量突破200家，并衍生盒马mini、盒马小站、盒马社区购物中心多种形态。

模式：线上线下同时运营，以生鲜商品为主，以支付宝作为支付方式的会员店。线下以门店为支撑，线上以独立的盒马APP为支撑，并提供商品外送和部分海鲜商品加工服务。

对外数据：截至2019年11月，盒马鲜生在一二线城市已有170多家自营门店。

新零售特征：线上线下融合、移动支付手段、注重顾客体验、超市＋餐饮、超市＋外送等。

痛点：面临单店投资金额巨大、是否盈利不清晰、规模化困难、无实体零售连锁经验的问题。

② 宏图Brookstone。南京三胞集团旗下3C类门店，由宏图高科辛克侠掌门，首店2016年1月在南京开店，面积700平方米。

模式： 以无人机、智能机器人、VR体验等"新奇特""黑科技"商品和常规3C商品为主，追求顾客在店中体验后实现成交，另外它还有配送、金融等服务的新型门店。

对外数据： 宏图Brookstone门店入驻阿里首次操盘的购物中心——猫茂，与猫茂同时开业。截至2018年底，Brookstone在全国已经有600多家门店，但随后因宏图Brookstone母公司三胞集团资金问题，导致三胞集团抛售旗下优质资产自救，Brookstone美国申请破产重组，Brookstone中国也受牵连暂缓扩张。

新零售特征： 注重顾客体验、商品敞开玩、黑科技、线上线下融合。

痛点： 盈利模式、商品更新换代频率、库存等问题。

③ 三只松鼠投食店。三只松鼠旗下实体店首店于2016年9月30日在芜湖开业，面积300平方米，拓展团队为三只松鼠新零售事业部。随着线下探索的深入，三只松鼠投食店除了直营以外，还推出了新的加盟模式——三只松鼠联盟小店。

模式： 以三只松鼠产品为主，以三只松鼠IP为辅的休闲娱乐及轻餐饮的零售专卖店。

对外数据： 截至2020年3月，三只松鼠线下店共计414家，其中联盟店303家，直营店111家，其中2019年全年开店328家。

新零售特征： IP化、注重体验、新技术运用。

痛点： 连锁管理、商品质量、盈利等问题。

④ 卡西欧智慧门店。卡西欧代理商络克（杭州）贸易运营，2016年11月6日在杭州湖滨银泰in77开业，面积15平方米。

模式： 通过店内智慧型门上的两块互动大屏，将卡西欧天猫专卖店和线下门店进行了无缝对接和关联，通过游戏互动的方式吸引顾客进店，通过现场体验让顾客在现场下订单或者在天猫下订单。

对外数据： 开业1个月通过游戏互动引流已经达到1万多人次，每日客流已达300人次，月订单量200多单，月销售额20万元。

新零售特征： 线上线下融合、注重顾客体验、大数据运用、新技术运用。

痛点： 盈利、连锁成本等问题。

6.2 要看懂中国电商，先要看懂4个关键词

随着新零售蓬勃发展，电商被几个大型平台垄断越发明显，垂直电商更加势微。

（1）强者恒强

天猫、京东头部霸主地位丝毫没有被动摇。苏宁易购收购天天快递，内部整合更加流畅。据相关数据显示，截至2019年年中，苏宁易购APP日均活跃用户数450万～500万，苏宁易购已累积实现净利润高达141亿元，并连续3年入围《财富》杂志公布的年度全球财富500强榜单。

唯品会在2017年5月宣布拆分互联网金融业务和重组物流业务，以打造新的增长引擎，打造一个由电商、金融和物流三大板块组成的战略矩阵。唯品会财报显示，其已经实现连续20个季度持续盈利。

在垂直电商方面，聚美优品虽然投资共享充电宝，尝试空气净化器，创始人陈欧本人也在内部动作颇多，但是仍遭遇投资人套现离场，陷入小贷风波，在美国私有化失败，股价持续走低，2017年总市值不到5亿美元，蒸发90%。其他垂直电商，如美丽联合集团陷入裁员风波，美丽联合集团在市场中的占有率更是持续走低。

截至2019年11月19日，2019年"双十一"实时销售数据显示，各平台的销售额中天猫交易额高达2684亿元，超过2017年全网总销售额（2539.7亿元），再创历史新高，京东累计下单金额高达2044亿元。苏宁易购没有公布交易额数据，但是据苏宁易购官方公布的数据来看，苏宁易购全渠道订单较2018年增长

76%，物流发货成功率达99.6%，新增上百万会员。拼多多方面没有公布任何数据，只在2019年11月发布了一封信，信中说拼多多在乎的是用户的体验，而不是数据。

(2) 零售多样化

自马云提出"新零售"概念后，这个词火遍大江南北，但是同为电商巨头的京东、苏宁并不认同，也不甘示弱，分别提出了第四次零售革命——"无界零售"和"智慧零售"的概念。

智慧零售： 在2017年3月的"两会"上，苏宁云商董事长张近东提出"智慧零售"概念。张近东认为零售是商品流通的重要基础，是引导生产、扩大消费的重要载体，是繁荣市场、保障就业的重要渠道。传统实体零售由于成本上涨、市场需求放缓，特别是受电商分流等因素影响，导致销售下滑、效益下降、"关门退租"现象有所增加。面对激烈竞争，实体零售必须主动拥抱互联网，运用新技术，打造新业态，创造智慧零售新模式。智慧零售的本质就是运用互联网和物联网技术，并充分感知消费习惯，预测消费趋势，引导生产制造，为消费者提供多样化、个性化的产品和服务。

无界零售： 2017年7月10日，京东集团CEO刘强东在《财经》杂志发布署名文章《第四次零售革命》。文章认为，从零售历史来看，今天我们所面临的变革和过去相比并没有什么特别，零售的本质不变，仍然是成本、效率、体验。在下一个10年到20年，零售业将迎来第四次零售革命。刘强东认为，第四次零售革命改变的不是零售，而是零售的基础设施。零售的基础设施将变得极其可塑化、智能化和协同化，企业在推动"无界零售"时代到来的同时，也在实现成本、效率、体验的升级。

(3) 进军线下

在新零售大旗下，线上流量增长触碰天花板后，寻找增量的电商们开始了全面的线下征程。其中阿里与百联、新华都达成战略合作，通过投资成为海尔多媒体、联华超市、新华联、高鑫零售的股东，而他们所做的一切的焦点则在便利店、生鲜超市。

① 便利店。2019年4月17日，京东签署并投资五星电器，从五星电器股东佳源创盛股控集团有限公司购买五星电器46%的股权，尝试在线下再创造一个京东家电。截至2019年初，阿里巴巴零售小店已经突破100万家，成了快消B2B第一平台，其中天猫小店则是其招牌产品。苏宁则表示要加快苏宁小店的扩张进程，截至2019年6月，全国苏宁小店数量达到了5410家。

② 生鲜超市。在生鲜超市上，2017年7月，马云与张勇亲自为盒马鲜生站台，随后盒马鲜生开始加速扩张，入驻北京、上海、杭州、深圳等多个城市门店，数量达到13家。截至2019年8月，盒马鲜生线下门店已有157家。2017年7月，京东也推出其线下生鲜超市7Fresh并为其造势，截至2019年5月，7Fresh超市单店SKU超5000个，坪效是单个线下传统实体店的3倍。其他如美团，开了第一家生鲜超市掌鱼生鲜，后来更名为小象生鲜，主要面向朝九晚五的上班人群，尝试做精细化的探索。

在这之外，阿里投资的饿了么、京东旗下的京东之家、顺丰涉足的办公室场景无人货架、蚂蚁金服旗下的口碑在各大实体零售推广其扫码支付，京东的直营门店京东之家、京东家电专卖店也在蓬勃发展之中。

（4）挑战霸主

长期以来，阿里在电商领域一直是霸主地位，京东一直想挑战阿里的霸主地位。在2019年"双十一"双方成交数据开始拉近，它们之间的斗争已经进入白热化。

双方的斗争是从品牌商的争夺开始的。一开始是网络媒体爆料，披露阿里京东双方存在逼迫商家"二选一"现象，随后双方互相指责，引发公关战，双方高层纷纷现身说法。双方战火弥漫，导致多家服饰企业退出京东，阿里在家电方面也有所损失。这场"二选一"的闹剧波及上百个品牌，也引发了业内广泛讨论。

在时尚领域，京东也对阿里展开狙击，把时尚业务从原先隶属的服饰与家居业务部中拆分出来，成立单独的时尚事业部，并任命丁霞为事业部总裁。与此同时，京东以3.97亿美元注资Farfetch，并与Farfetch建立战略合作伙伴关系，创建全国奢侈品网购平台。

天猫奢侈品频道上线之后，实行品牌定向邀约制，限量对品牌开放。天猫方面表示，该频道未来将打造成全球最大的品牌——自营奢侈品线上平台。京东也不甘落后，立即推出全新奢侈品服务平台TOPLIFE，并打造全国首个奢侈品仓库。刘强东更是表示，时尚领域是京东在电商领域的最后一站，京东将不遗余力争夺。

在2017年"双十一"过后，双方的斗争开始从业务方面上升到公关层面。双方互相指责对方操控媒体有计划、有组织地抹黑对方。这场斗争阿里公关市场委员会主席王帅、京东副总裁宋旸全部出动，涉及多个行业大V、数十家自媒体，舆论一片哗然。

事实上，这些争斗的核心是京东日益增长的数据让阿里感觉到了威胁。2017年2月在京东的年会上，刘强东宣布京东2016年的GMV（Gross Merchandise Volume，网站成交金额）已经超过9000亿元，要在2021年做国内最大的B2C平台。据京东财报显示，2019年京东集团GMV首次突破2万亿元大关，全年达到20854亿元人民币。

在2017年的"双十一"上，京东11月11日8点宣布，截至7时46分58秒，京东自1日开始的全球好物节累计下单金额已经突破1000亿元。其时间早于阿里的9点，打了对方一个措手不及。随后，双方又引发一场公关战，互相质疑对方数字。2018年"双十一"天猫总成交为2135亿元，京东为1598亿元；到了2019年，天猫"双十一"成交额为2684亿元，而京东累计下单金额为2044亿元，其增长势头丝毫不让天猫。

总体来看，近三年的电商行业就是巨头的舞台，在新零售大旗的指引下，强者恒强。零售是在不断变化的，不论是新零售、智慧零售，还是无界零售，未来线上线下融合、新技术、新模式将会改变零售，但其不变的是商品交换的本质。京东与阿里之间的斗争短期内不会有结果，无论最终谁胜谁败，逼迫商家"二选一"和互相抹黑总是不可取的。

6.3 这就是10位电商高管眼中的行业下半场

近几年，在阿里系与腾讯系两强相争之下，板结化趋势日益严重，这使得中小电商突围机会变少。对此，10位电商高管在2018年分别就当前企业的现状，展望未来几年行业下半场该如何突围。

（1）易果集团董事长兼CEO张晔：生鲜正成为新零售核心类目

这几年我们在人货场重构、资源整合、模式摸索中，深刻感受到了回归商业本质、以用户为中心、多业态共赢、有商业价值沉淀的氛围，这在过往的"风口"中是不多见的。生鲜完全有机会借着消费升级和新零售的"势"，以及生鲜高频、刚需的特点，成为整个消费市场中拉动其他类目增长的最主力品类。

未来新零售会沉淀为哪些形态，这需要我们共同去探索。但是，消费者追求美好生活的意愿不会变，企业机构创造商业价值和社会价值的追求不会变，科技发展和应用的速度不会放缓。

（2）唯品会副总裁黄红英：下半场进化，进化，再进化

如果用一个关键词来概括这几年我国的零售业，我觉得没有比"进化"二字更为贴切的了。纵观过去的市场，我们会发现零售场景、产品品类太过单一，消费者需求的提升与我国零售行业的服务水平之间的差距在这几年开始缩小，零售行业期待这样的进化和蜕变已久。新零售的诞生适逢其时，其本质就是重构人、货、场之间的关系，是对消费者主权意识觉醒的一种呼应，是完成进化的一条快车道。

未来是多元化的消费市场。在未来，"新零售"甚至会融合出"新物种"，但"生活方式"会是消费领域最先突破的升级方向，这也意味着正品化、时尚化成为刚需，个性化定制市场将迎来爆发，科技推动的场景化、沉浸式购物新体验这几个层面会率先得到升华。

（3）贝贝网CEO张良伦：2018年是渠道更加下沉的一年

2017年对于母婴零售来说，最深刻的感受应该是"社群经济"的兴起。一大批依靠社群的电商平台异军突起，电商正在从"物以类聚"走向"人以群分"，开始向社群模式靠近。

而未来几年渠道将更加下沉，我们可以预见有三点改变：第一，供应链能力的提升；第二，非常明显的"渠道下沉"；第三，线下线上合作将越来越紧密，合作方式从业务合作到战略合作，甚至转变为资本合作。

（4）拼多多高级副总裁许丹丹：2018社交电商将发挥重要作用

零售业正在互联网的推动下进入深度融合的阶段，2017年大家把更多的注意力放在了线上线下的融合上，其本质是以用户为中心，追求体验的一致性，以及统一相匹配的生产力要素调度和组织协同。

在未来的四五年中，全渠道的融合是一个大的趋势，电商社交化将发挥至关重要的作用。社交电商不仅聚焦销售、营销等前台业务，还将深入到大数据、供应链、物流等后台服务层面，这些对企业长期发展有着重要战略意义。

（5）百草味CEO王强：站在风眼里重新审视和定义线下店

毫无疑问，新零售的飓风已经来临。电商要想打破"天花板"，就必须进行模式创新。如果你要在飓风中起舞，那你需要先站在风眼里。

我认为，未来几年我国的零售将呈现出消费场景多元化、消费人群多层次、渠道多元化等特点。对于线上品牌来讲，除了拓展线下渠道和布局全渠道之外，最关键的还是重新审视和定义线下店的价值，这不仅仅是一个销售渠道，还是利用终端重新挖掘用户，精耕用户需求，重建人、货、场的关联。

（6）良品铺子董事长杨红春：2018年做内容，玩内功

2017年零售我最有体会的应该是升级。我们透过现象看本质，需要人工智能的高效、快捷，以及大数据带来的个性化服务，才会有后面的新物种、新玩法、新技术，才会有这场新零售变革的出现。

在未来，消费者对品牌、专业零食的需求会越来越大，甚至成为他们生活的必购品之一，零食的各种新品类也会不断变化衍生。无论是传统企业做电商还是互联网企业到线下，未来同样都面临着思维变革的场景。

（7）蜜芽CEO刘楠：零售在突破边界竞争不再是"一条线"

2017年谈及最多的一个词是边界，传统零售在突破边界，大家都在布局新零售；企业在突破边界，都在找新的增长点。对企业来说，可能大家都会信奉"我的就是我的，最好你的也是我的"，市场占有率要越高越好。但在2018年，蜜芽的战略心态发生了改变，"我的是大家的，最好你的也是大家的"，这样可以充分地赋能给其他人，让合作、融合、互联变得简单。

未来，线上线下边界开始变得模糊，电商可以开实体店，实体店可以依托电商的供应链，竞争不再是"一条线"就可以轻松区分开，真正的竞争来源于数据化、智能化的升级服务模式，这种升级的服务模式也可以被理解为更高、更快、更强的体育竞技模式。

（8）达达-京东到家CEO蒯佳祺：2018年是许多新业态探索的一年

2017年是零售业急剧变革的一年。这一年我最大的感受和信念是不忘初心，将"零售赋能"进行到底。零售业的线上线下深度结合是趋势所向，我们要做的是帮助传统零售体系跨越时间和空间、线上与线下之间的阻隔，共同打造零售业一个崭新的时代。

而未来几年会进行许多新业态的探索，零售企业一定会将"零售赋能"战略进行到底。

（9）口碑CEO范驰：线下流量的价值越来越凸显

2017年，互联网的新奇技术正在给线下零售注入全新的能量。无论线上的天猫"双十一"，还是线下的口碑"双十二"，消费者在不知不觉中参与并推动了新零售。新零售背后是商业形态的变化，其中更重要的是线下商业自我升级的决心。

2017年之后的几年，我国零售将重新审视线下流量的价值。随着移动互联网流量红利的消失，新零售大潮使大众的视野重新回到线下，对线下流量重新估值。我认为，线下商家应该充分挖掘线下流量的价值，而非从线上购买流量。

（10）寺库商城CEO陈健豪：我国零售将向三大趋势发展

2017年我感受最深的一个词应该是"新生活"，新一代年轻人的消费特点是通过高端消费改善自己和家人的生活品质。未来，我国零售将向"年轻化＋场景化"、原创品牌的高端消费、以人为本三大趋势发展。

事实上，2018年的零售行业渠道下沉，生鲜电商成为最火热的风口。

在下沉市场方面：这一年里，淘宝加速了向低线（可理解为三线及以下）城市和农村渗透的步伐，2018年全年手机淘宝月活跃用户增加了1.2亿，达到6.99亿。淘宝总裁蒋凡表示，这些新增用户并不是来自城市，这是淘宝加速向下渗透的结果。淘宝在低线级地区为主的区域短短一年的用户增长，已经相当于我国一线城市和重点新一线城市加起来的人口数量。

2018年全年新开533个购物中心，其中一线城市占总开业数量比约18%，新一线城市占总开业数量比约29%，二线城市占总开业数量比约22%，三线及以下城市占总开业数量比约31%，低线城市购物中心新开数量占比首次超过30%。

2018年苏宁针对下沉市场的苏宁零售云店项目全面提速，2018年7月30

日，苏宁零售云店完成了全国第1000家门店落地，而在2017年底这个数字仅仅为39。

而生鲜电商也在2018年里进入高速发展期。上海商情信息中心发布的《生鲜电商发展趋势报告》显示，2017年我国生鲜电商市场交易规模约为1391.3亿元，首度破千亿元，仅2018年上半年，生鲜电商交易规模就达1051.6亿元，同比增长23.5%。

巨头们也没闲着，京东旗下7FRESH于2018年1月4日在北京开出首店，全年初步完成了在华北、华南、华东、西北、西南等区域的布局。

盒马鲜生开店速度明显加快，到2018年12月12日开出第100家门店，但在2017年底盒马仅有25家店。

每日优鲜于2018年9月完成高盛、腾讯领投的4.5亿美元新一轮融资，而这已是腾讯第三次领投。

在2018年里，包括每日优鲜、叮咚买菜、谊品生鲜、生鲜传奇、美菜在内的数十家生鲜电商获得了近120亿元融资。这也直接推动了这些生鲜电商在2019年展开生死搏杀。

6.4 请回答"双十一"，那与"双十一"相关的普通人们

一晃十年过去了，"双十一"已经成为整个零售行业的商业盛事，波及亿万消费者。天猫"双十一"交易额从2009年的5200万元达到2017年的1682亿元，增长了3234倍。京东也从刚开始的不公布数据到2017年的1271亿元。

这十年是我国互联网发展的黄金十年，也是电商飞速发展的黄金十年。在这十年里，天猫"双十一"诞生了海尔、耐克、优衣库、韩都衣舍、茵曼、三只松鼠、百草味等127个亿元商家。在时代大潮的影响下，大商家们千帆竞技、百舸争流，而那些小人物们一直在默默前行，或受益或历经波折。

（1）陈老板：我受益于"双十一"，同时也见证了电商的发展

温州纸板箱生产厂的陈老板是"双十一"的间接受益者。

2006年，温州陈老板夫妇二人和早年认识的客户办起了纸板箱生产厂，专门向江浙沪商家提供大包装的纸板箱（非个人小件包裹）。由于温州是小商品的集散地，陈老板提供给生产商的大纸板箱便跟着商品散发到了全国各地。在互联网不发达的年代，纸板箱的销售都是靠固定客户和朋友之间的相互介绍，因此每个月的生产量是均衡的，那时陈老板只有一条生产线和2名员工，第一年生产了30万个纸板箱，往后每年基本以10%的速度缓慢增长。

随着电商的发展和淘宝等平台的兴起，陈老板的工厂不断收到客户增加订单的要求，光2011年9月订单量就增加了30%。原来只有2条生产线几名员工的工厂已不能满足订单需求，陈老板一打听才知道是商家"双十一"备货导致的需求量大增。那一年是天猫"双十一"的第二年，天猫成交额52亿元，陈老板增加了一条生产线，在最忙碌的那几个月还增加了几名临时工，工厂全年纸板箱生产量达到60万个。

由于陈老板生产的纸箱是给商家备货用的大型纸板箱，从那一年开始陈老板的工厂每年6~10月都是生产旺季。2012年全厂纸板箱生产量达到80万个，到2017年已经增长到了300万个。如今，陈老板的纸板箱生产线已经扩充到7条，长期员工达到20人，在备战"双十一"的生产旺季，还要雇用近10名临时工人，并且需要进行24小时2班倒的生产才能满足需要。

事实上，作为电商生态中的重要一环，各环节纸箱的年需求量已经达到数十亿个。在纸箱生产这条产业链中存活着超过2000家企业，年产量超千万元甚至过亿元的企业也有不少，但不能忽视的是90%的企业都是类似陈老板这样的中小企业，它们是支撑着整个行业的基石。

在采访的尾声中，电话的那头陈老板自豪地表示："虽然我很普通，工厂也不算大，更不直接参加'双十一'，但是我却间接地为'双十一'做了很多贡献，同时我也见证了电商的发展。"

（2）肖图：电商，改变了我的人生轨迹

"电商，改变了我的人生轨迹"——这是电商创业者肖图对我们说的第一句话。

2013年，刚毕业不久的肖图并不想和其他人一样找工作，他希望直接创业。那时电商创业兴起，杭州更是氛围浓厚。在杭州毕业的肖图就选择了和朋友一起开淘宝店，主要销售女鞋，第一年店铺营业额就达到600多万元。

2014年，肖图由淘宝转战天猫，因为第一年做天猫店，他抱着凑热闹的心态报名了，那一年的天猫"双十一"，店铺女鞋只在原来的基础上稍微打了下折。"双十一"当天，他的店铺成交额达到100万元，占全年销售的1/30，而这一年的天猫"双十一"总交易额是571亿元。

2015年，肖图的天猫店铺逐步走向正轨，销量逐步上升。这一年，阿里宣布开始扶植淘品牌，肖图所销售的品牌也是入选的淘品牌之一。这一年的"双十一"肖图准备大干一场，在天猫小二的支持和自己的计算下，肖图认为2015年"双十一"他们的成交额可以达到800万~1000万元，随后肖图和合伙人按照800万元预估销量的70%备货，这500多万元的女鞋几乎押上了肖图他们全部身家。

然而，事与愿违，2015年"双十一"肖图的店铺只有350万元都不到的成交额，"双十一"过后的打折销售也非常不理想。最后，退货、损耗加上库存，单这一批女鞋就让肖图和合伙人损失了200多万元，资金链一向紧张的他们差点倒闭。正好那段时间肖图正在装修房子，付完装修费用，肖图的银行卡余额不足1000元。

据统计，2015年天猫"双十一"女装类目销售中优衣库直达榜首，之前上榜前五名的淘品牌除了跌落到第二名的韩都衣舍之外，其他全部落选，取而代之的是拉夏贝尔、ONLY、ochirly这些传统线下女装品牌。而到了2017年天猫"双十一"，女装销售前十名品牌，只有韩都衣舍还在坚守，排名退步至第五名，其他全部为传统品牌。

时至2018年，3年前的那场失误让肖图仍旧没有完全缓过来，肖图的天猫店铺从那以后开始转向医疗器械的销售，但他的仓库里仍有当年的尚未消化完的库存。

3年来，肖图的店铺再也没有正式登陆过天猫"双十一"的会场，而是选择在暗处默默恢复元气。在恢复的过程中，肖图遇到了贵人相助，如今不仅当年的天猫店铺正在向好，还在京东开了直营店。

"我们这种小商家面对时代的浪潮几乎没有抵抗风险的能力，一招不慎就是深渊。如果当年没有选择电商，或许现在又是另一种光景，或许会更好。"回想起当年的事情，肖图一声叹息。

肖图的叹息，是在想人生或许另有他途可走，但恐怕他今后相当长的时间都要与电商、"双十一"脱不开。即使3年来肖图不再参加天猫"双十一"的会场，但每年"双十一"的巨大流量也给他的店铺带来10%以上的销售提升。

（3）常威：我在电商的海洋里浮浮沉沉

1989年出生的常威是郑州一家年销量百万元级别的跨境电商公司的核心员工，负责打理公司在阿里旗下的跨境电商速卖通店铺，而这家公司的老板是他的大学同学。

常威毕业于河南一所普通的本科大学，学习的专业是国际贸易。2012年，阿里旗下速卖通正处于开拓市场状态，平台类似于早期的淘宝，大量商家和个人卖家涌入。2013年，常威毕业后到深圳找的第一份工作就是在一家公司开速卖通店铺，月薪3000元。

速卖通对于常威来说几乎是一张白纸，他靠着自己的摸索，跌跌撞撞把店铺开起来了，但2个月只出了1单6美金，随后公司支撑不下去解散了，常威也因此失业。

2014年，常威兜兜转转来到大学同学聚集的郑州，入职了新的一家跨境电商公司。公司送他到阿里巴巴总部和许昌培训1周后，他便开始尝试打理公司新的速卖通店铺，主要销售美容健康产品，但是成果并不理想。

2015年，速卖通第一次参加天猫"双十一"，成为天猫"双十一"的境外会场，常威也就当作一般活动报名了。11月12日早上，他到公司打开账号一看，那天他们竟然成交了600单。此时，在上海同样做速卖通店铺的同学打电话告诉他，"双十一"他们也成交量惊人，突破了1000单。

这让常威感觉速卖通这个东西有的玩。到2016年"双十一"，常威已成为公司速卖通平台主管，手下拥有多个速卖通店铺，并在"双十一"当天，他两个店铺订单数量超过7000单。没多久，他就因一些原因离开了这家公司。

离开这家公司后，常威来到了一家销售灯具的跨境电商公司。公司在亚马逊、WISH、速卖通等多个平台拥有店铺，他的工作依旧是速卖通平台店铺的店长，每天的工作依旧是选品、上新、客服、包货、发货。这期间，让常威感到跨境电商最大的改变是发货，以往顾客订单需要先将货物用国内物流快递到上海，然后由上海货代接收出海关，如今货代可以直接从郑州收货。

2017年的"双十一"，他所管的一个店铺订单达到了6000单。经历了3年，阿里的境外"双十一"，常威已经很淡然，除了对阿里巴巴的商业能力和速卖通在境外的拓展速度感叹以外，并没有更多的惊喜。

随着跨境电商的发展，郑州在2016年成了我国跨境电商综合试验区的11个试点城市之一，聚集着越来越多的跨境电商从业者，当然竞争也越来越大。常威对此表示："速卖通上的商家越来越多，同类产品也很多，价格战打得很厉害，再加上近几年的经济环境并不好，我们只有全力以赴了。"

（4）致敬"双十一"背后的普通人

无论是陈老板、肖图，还是常威，过去十年他们未曾相遇，也未曾让人瞩目过。他们各自在自己的轨迹里生活，虽然淹没在我国14亿人中，却是那些耀眼者背后庞大的电商画卷的组成部分，见证了"双十一"前行，见证了电商发展。

6.5 "双十一"出海,我国电商模式开始走向世界

2017年11月2日,马来西亚华语报纸均用大版面报道了天猫"双十一"。其中东方日报写道:马来西亚消费者有福了!阿里巴巴集团正式将旗下最大型活动"双十一全球狂欢节"带入马来西亚,并为马来西亚消费者量身打造多项本地化服务,务求将网购体验提升至新层次。

这只是"双十一"在东南亚的一个缩影,如今,这项让消费者、商家疯狂的商业活动,其影响力在经历了9个年头后,正在迈出国门,也让我国电商业开始走向世界。

(1)电商出海

导游叶子雄是第四代马来西亚华人,地地道道的80后。他的妻子是忠实的淘宝用户,他对网购的认知来源于新婚不久的妻子。

在叶子雄手机相册里,我们看到了他妻子结婚时从淘宝买的婚纱和鞋子。叶子雄表示,他妻子最喜欢在淘宝上买一些小东西,如手机壳、背包带、餐巾纸盒、牙刷杯、置物架等。

网购已经逐渐成为马来西亚人的一种时尚。据叶子雄介绍,他身边网购最疯狂的是他妻子的朋友,所有家具都是淘宝上买的。

马来西亚网红Jane Chuck,在Instagram上有50多万粉丝,他爸爸和哥哥曾经在中国工作,Jane Chuck经常会让他们帮忙代购淘宝上的衣服,现在他已经不需要代购,而是自己在淘宝上买衣服了。和记者见面那天,Jane Chuck穿了一身从中国淘宝店海淘而来的当年流行于各大时装周的"奶奶款"。

他们对中国"双十一"的认识,则是从每年"双十一"天猫创造的一个又一个庞大数字开始的,现如今他们也开始积极参与进来。马来西亚的华裔林静谦在"双十一"买足衣服、鞋子、手机线、手机壳;新加坡的Vivian Lee则要在"双十一"入手热带地区买不到的羽绒服,为她的哈尔滨之旅做准备;远在

美国的潮鞋零售商Stadium Goods纽约门店挂起了一副"双十一快乐"的对联。

(2) 品牌出海

东南亚六国作为世界经济最具活力的地区，拥有2.6亿互联网用户，超过1亿元的中国产品，是电商的重要市场。由于市场的广阔、华人文化传统的完整保留，东南亚成为中国品牌出海的跳板。

2012年3月成立的Lazada是东南亚最大的电商，目前拥有近70个国家的员工。阿里拥有其83%的股份，因此，它成为天猫出海东南亚的一个重要端口。天猫出海项目在lazada开通马来西亚"TaoBao Collection"（淘宝精选）站点，不到1周就吸引近3万中国商家入驻。该项目的负责人印度尼西亚人宫本表示，通过"淘宝精选"，中国卖家不需要再在东南亚开店，更重要的是整个供应链体系从0到1的打通，未来可以赋能给更多的国内商家。

同样，作为国民男装品牌的海澜之家，也把出海首站放在了东南亚。海澜之家自从2017年5月在马来西亚开出海外第一家店以来，已经连续在吉隆坡开了3家店。海澜之家海外市场部总监张建国对首次出海的成绩非常满意。

在海拔约2000米的云顶之巅的云天大道商场，是中国游客和马来西亚人都爱逛的超级shopping mall，海澜之家的第三家分店就开在这里。1990年出生的店长周紫贤曾在优衣库工作3年，1994年出生的副店长林静谦曾在Guess工作3年，她们说自己来海澜之家工作后最大的感触是，以前觉得中国牌子质量不好，现在有了改观，店里有不少回头客，还专门带朋友来买。据介绍，店内的员工基本会中文、英文、马来文和粤语。

张建国告诉记者，海澜之家的海外之路是要立足东南亚，辐射全球，未来马来西亚所有适合开店的地方海澜之家都会进驻，而新加坡和泰国正在准备。

事实上，2017年"双十一"，除了海澜之家，天猫还携格力、海尔、李宁、九阳、上海家化等百大国货品牌出海，打造服务全球200多个国家和地区，跨越多个时区的全球"双十一"购物狂欢节。

到了2019年的"双十一"，截至11月11日晚上8点，共有80个首次在天猫国际参加"双十一"的新品牌成交过百万元，162个进口品牌成交突破千万元，天猫海外帮助李宁、科沃斯等国货品牌出海，海外华人客单价对比国内消费者高出50%。

（3）教育出海

数据显示，到2025年，东南亚互联网经济总量预测增长至2000亿美元，增长动力主要来自电商、网络广告和网游，以及休闲旅游这三块。尤其电商，预计以32%的年增长率发展。因此，电商产业的高速发展对人才和基础设施提出了要求。

刑益谦、杜婉丽、叶永立、李俊洛是马来西亚拉曼大学信息工程学院的学生，同时他们还参加了拉曼大学电商英才计划，在这里他们系统地学习了电子商务方面的知识，并通过了GET认证考试，而这个计划正是拉曼大学和阿里巴巴共同设立的。

叶永立表示，学习电商是因为年轻人要尝试这个时代比较流行的东西。正在一家电商公司实习的杜婉丽则介绍，学习了这些，在电商公司面试时会比其他竞争者有更多的工作机会。

负责拉曼大学全球电商英才培训的资讯与通讯学院院长刘绍瑜教授告诉记者，现在这个培训只对资讯与通讯的学生开放，但马来西亚对电商人才的需求越来越多，已经有多家电商企业前来沟通招聘拉曼大学电商英才培训的学生，这个项目未来需要开放给更多的学生。

（4）设施出海

保罗库茨是新加坡邮政CEO，在他看来，在"双十一"没到新加坡之前，新加坡物流不会出现特别大的峰值，在与阿里合作"双十一"后，新加坡的物流才开始有了"峰值"一说。

2016年，阿里巴巴增持新加坡邮政股份至14.4%，开始对新家坡邮政进行全新改造。如今，新建的新加坡邮政总局耗资1.5亿元新币，每天可以处理300万份邮件，其中跨境包裹大部分是来自中国各大跨境电商平台。70%的包裹可以用机器分拣，而新安装的智能快递柜每天可以接受5000个包裹。在新加坡邮政截至2017年6月30日的季报中，其国际邮政部分的收入增长28.5%，主要因素就是阿里巴巴所提供的运输量提升。

新加坡牛车水街道是当地著名的唐人街，"双十一"前夕整条主街道都挂满了"双十一快乐"的标语，支付宝也成为其最常用的支付工具。

牛车水街上的南洋老咖啡店，是新加坡当地第一家接入支付宝的商户。Uniwebpay支付公司则是支付宝在新加坡的线下合作伙伴之一。据Uniwebpay CEO张帆回忆，2015年黄金周，支付宝的活动从这家咖啡店开始，现如今正常从上午11点到下午5点，该店会有100多笔交易来自支付宝。

张帆表示，那个时候没有人知道线下支付，没有人知道支付宝，对阿里巴巴也只是听说，但是他们知道马云。而他自己当时就是打着"马云"的旗号，开拓了支付宝在新加坡的线下版图。

2017年11月3日，在阿里巴巴首个海外eWTP（世界电子贸易平台）试验区——马来西亚数字自由贸易区全面启用运营发布会上，马来西亚总理纳吉布表示，未来要让马来西亚全面融入eWTP，让更多的企业更容易地投入电子商务，让中小型企业更容易地融入全球化。

如今，东南亚电商基础设施发生了翻天覆地的变化。Lazada在东南亚已经建立了15个大型仓库配送中心、15个包裹分拣中心、130个配送站，通过与菜鸟系统对接，开始承接国内各大平台的订单。阿里旗下菜鸟的智慧物流技术与海关系统对接，马来西亚消费者购买阿里货品的清关时间从1天缩短到3小时。再过几年，当地的国际超级物流枢纽建成，智能化仓储运输体系更完备。那时一个手机壳从中国义乌出仓，运到东南亚的偏僻小岛上，也可以从现在的2周缩短至几天，退换货也将更加方便。eWTP项目也从东南亚扩张到非洲、欧洲等地，正在帮助更多中小企业打开中国大门，走进来，走出去。

事实上，这些只是一个开始。随着中国互联网经济的高速发展，支付宝、微信、菜鸟等越来越多的电商基础设施会将影响力扩散到全球，实现货通全球，"双十一"也会真正成为全球的"双十一"。

正如马云所说，只要第一个孩子不错，想必第二个也不会差；也如新加坡导游Dasiy所说，乌节路的促销比往年来得早了点，现在很多新加坡人也开始习惯坐在家里等快递小哥上门；还如马来西亚的华人导游叶子雄在2017年11月9日晚间忍不住给我们发来图片时的心情一样，照片中当地最大的华人报纸星洲日报再次全版报道"双十一"。

6.6 2019年春节年货市场与以往相比有何变化

2019年春节前，年货产品正卖得如火如荼，这也是零售人最忙的日子。但是，在大环境并不顺利的2019年春节，年货市场相比往年有何新特点，需要考虑何种新问题、呈现出怎样的新趋势？

主题为"2019春节年货市场的变化与趋势"的线上沙龙在此时举行，众多一线企业高管及行业专家共同探讨了2019年春节年货市场的一些问题。本次沙龙由联商高级顾问团主任、上海商学院教授周勇主持，并邀请了酒类垂直电商"1919"品牌管理公司总经理李宇欣、京东商城消费品事业部干货食品部总经理李昌明、三只松鼠品牌总监殷翔、北京超市发董事长李燕川等参与线上讨论。

如图6-1所示：2008～2018年春节零售与餐饮消费（除夕至正月初六）的年增长幅度从16%下降到10.2%，峰值在2011年，达到19%。但消费总金额从不到3000亿元扩增到了9000多亿元，预计2019年超过10000亿元（2019年实现销售额约10050亿元）。

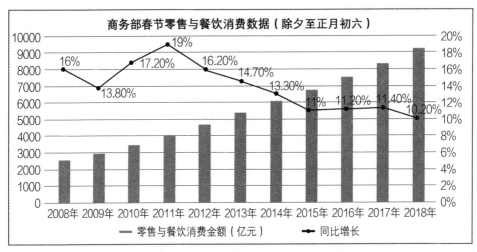

图6-1 商务部春节零售与餐饮消费数据（除夕至正月初六）

数据仅仅是一个方面，更重要的是消费者的感受。消费总量的增大，在周勇看来有三个基本原因。

① 物价、房价、药价上涨，导致消费者对价格的变化有点麻木了。

② 消费升级，导致食物结构与礼物结构发生变化，拉升了消费与送礼的档次。

③ 服务拉动，在消费总支出中，我国服务消费占比已经接近50%，与发达国家大约差20个百分点。

周勇认为，年货可以从以下四个视角来看。

第一视角：年菜食材。年夜饭与客人来家里吃饭准备过年的食材，可以称为"年菜食材"。每个地方都有必备的年菜食材，我把它称为"基菜"。如在宁波，最基础、最必备的"基菜"就是"红膏呛蟹"。各地的饮食习惯很不一样，所以年菜食材的差异也很大。近年来，越来越多的家庭在过年的时候选择"外食"，年菜食材的准备量也大大下降。鸡鸭鱼肉等过年必备的食材的采购量也在下降，而酒店的生意倒是很不错。

第二视角：送礼年货。每年过年想得最多的是送什么礼？送礼那些事，送多送少都不好。送多了其实是浪费，你自己购买的时候真的花了不少钱，但你送的东西不见得是别人需要的。这样一去一回，就浪费了很多钱。所以，送礼最讲究的是礼到心到、体面适当。

第三视角：美装用品。 这里所指的"美装"，既包括个人护理类的"美妆"商品与服务，也包括个人服饰类的消费，更包括家庭软装。这是为了美化个人与家庭所增加的开支，这方面的开支也越来越大。理发店平时晚上9点关门，年前则延长到12点甚至凌晨2点。从前过年要穿新衣服，如今不仅是添置新衣，还要美化脸面。

第四视角：陪伴消费。 除了上述三个方面，我觉得还有一个非常特殊的"消费"，那就是陪伴消费，如看望老人，把住在养老院的老人接回家，带老人出去走走，一切与老人相关的或延伸的消费，都可以叫"陪伴消费"。这虽然不是一般意义上的"商品"或"服务"，但这是必需的，并由此会产生很多延伸消费。

周勇表示，与商品相比，服务更重要；服务中，对年轻人的服务与对老年人的服务相比，对老年人的服务更艰巨，也更迫在眉睫。

（1）你们今年是如何准备年货节的，相对去年做了什么调整？

三只松鼠2019年年货节整体销售同比增长超过30%，三只松鼠品牌总监殷翔表示，三只松鼠从产品、质量、传播运营等三个方面进行了准备。

一是在产品端口，由于整体销售体量大，2018年9月底三只松鼠就已在货品原料、采购方面进行准备，提前规划新品，重点根据送礼场景上线新款大礼包；二是在质量端口，三只松鼠实行全批次全链路产品防护，确保产品质量；三是在传播端口，重点在社交媒体端和用户保持互动，针对抖音等短视频进行传播，推出三只松鼠中国年金曲，页面设计重点烘托过年氛围；还在客服、售后、物流等方面进行规划。

京东商城消费品事业部干货食品部总经理李昌明认为，与往年相比，京东超市今年的年货节不仅在线上花样翻新，更是注重线下出彩。

就线下方面来说，2019年1月17日，"京东超市年货节"年货大街在北京世贸天阶开门迎客，在这个年货大街里集结了中华老字号和外国百年品牌。而京东超市也联合众多入驻品牌在北京、上海、广州、武汉、西安、成都、长春等全国7大主要核心城市，开展主题为"喜悦一起ZAO"的年货大街活动，并通过倡导年轻消费者陪跟父母一起办年货，营造出浓浓的美好年味。

此外，京东超市、京东物流还联合品牌，以线下城市为场景，在南宁、惠州两个城市打造了黑科技满满的"京喜年货街"。比如，在年货街的现场设立带有人脸识别功能的智能广告牌，能监测识别出用户的姓名、性别等属性，结合京东商城的海量数据信息，描绘出清晰、完整的用户画像，从而为用户推荐个性化、精准化的商品，打造"千人千面"的选品和差异化推荐。

（2）你所处的行业今年的年货市场总体情况如何？

殷翔表示，从整体销售情况来看，2019年年货市场大盘相较去年，总体保持稳步增长。2019年会呈现出以下几个特点。

首先，从产品上看，部分品类增长迅速，如饼糕膨化、糖果等。其次，送礼场景正在变得多元化，2019年生鲜饮料、地方特产等销售都很火爆，海鱼、海鲜消费在增加，海鲜大礼包也受到青睐。最后，由于是猪年，与之相关的猪肉制品、黄金饰品等消费需求也被带动起来。

（3）现在年货促销已经过了一半，从销售上看，你的行业呈现什么特点？

如图6-2所示，对比2019年和2018年年货节期间的商品销量，2019年京东年货节中休闲食品蝉联年货销售冠军，看来"吃"是过年期间必不可少的。

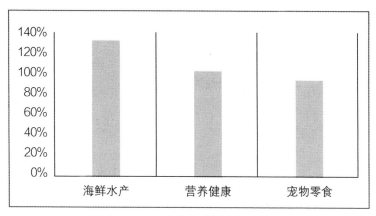

图6-2 2019年京东年货销量同比增长图

2018年增速较高的是生鲜水果、黄金饰品、智能设备等年货，2019年年货销量同比增长最高的三个品类分别是海鲜水产、营养健康和宠物零食，从品类的变化上我们能够看到，2019年大家还是回归到了以饮食和健康为主的年货上，而随着大城市养宠物的人数增多，不光人要吃得好，宠物也要吃得好。

在年货的挑选上，2019年进口商品的销售额同比增长达到了64%，看来洋年货开始成为更多人购买年货的选择。而从品类上看，购买洋年货销量最高的品类依旧是食品饮料，它与母婴、个人护理、生鲜、酒类共同组成了洋年货销量的前5位。

电商的快速发展也为外出打拼者的春运"减负"，可以"空手"回家，地方特产等年货食品网购回家成一种趋势。京东大数据显示，山西特产销量同比增幅超过300%，四川特产的销量同比增幅近200%，福建特产、北京特产的销量同比增幅近100%。此外，可自制美食的烘焙原料、去油解腻的乌龙茶、聚餐必备的熟食腊味等年货食品的销量同比增幅也超过了100%。

从年货节期间各年龄段购买各品类商品销量占比来看，90后更加偏爱购买鞋靴、手机、钟表等"高单值"商品，其占比超过30%；80后则偏爱购买母婴类商品，占比超过60%；70后则在生鲜和酒类商品上购买更多，其中牛肉、鸡肉、低温奶、鱼类、面点等生鲜食品更受70后喜爱；60后则更加喜爱购买内衣类服饰等商品。

殷翔认为，从销售上来看，一是2018年的旺季来得更早，12月底就出现了购买高峰；二是消费者更敢买了，消费金额较以前更高，客单价也更高一些。而且平均购买礼盒的数量从以前的两个增加到2019年的三个以上。不过，用户消费观念也更趋理性，注重产品的品质、体验、实用性等，愿意为产品付出更高成本。

李宇欣表示，整个春节期间的酒类销售从除夕开始，春节期间的销售特点也非常明显，主要是走亲访友、送礼的需求。这种消费的地点主要集中在下沉市场，线下订单、门店订单的占比还会继续提升。"1919"的客单价还是比较高的，全平台客单价在345元左右，当然这也是一个动态调整的过程。从春节这段时间来看，整体消费客单价实际是上升的，已经涨到400元以上。可以看出，中高端消费需求在增加。

对于酒类市场中的年份酒，国家只有指导标准，没有强制标准。标示年份酒有两种方式，一种是直接显示出是多少年的，如"10年""15年"。这些数字并非是生产年份，有可能酒是10年的，但这瓶酒是今年生产的。第二种情况是用生产时间来标示酒的年份。我们更倾向用生产时间来标示酒的年份，这有利于保障质量。

酒只有喝掉才是真正消费，不是卖掉才算消费。我们想把酒扩展到餐厅这个真实的消费场景之中。"1919"已与饿了么、口碑进行合作，根据消费端推荐餐厅或者餐厅抵用券，也会大规模把酒类抵用券在饿了么平台上去分发，打通餐饮和酒饮场景，寻找增量。

李燕川表示，由于多重因素叠加，年货节期间，超市销售额并没有太大增长，未来几年可能基本上会持平或略有增长。

不过水产品等健康食品处于销售上升期，一些个性化商品也会获得消费者青睐。从顾客结构来看，老年群体是进店的多数群体。当然，年轻人的占比也在上升，不过，他们的购买还主要是个人购买。

（4）年后的年货市场又会出现什么变化？

目前，在零售层面，酒类行业的电商渗透率非常低，万亿元市场只有5%的渗透率，市场还非常广大。酒又符合大零售的特征，它的产品品牌利器非常强大，头部品牌的酒类价格也都非常透明，全国市场的售价差异也不会太大，它是一种大标品，而大标品适合做大零售。

为何消费者不愿意网上买酒，一方面可能是出于质量因素的考虑，不过这些问题现在已经不存在了，大量酒厂选择在线上开旗舰店，会专门生产供应电商的产品，不存在线下串货的情况。另一方面，网上买酒缺乏一定的体验。酒对物流的要求非常高，比如说不能混装、对温度敏感、运输过程中不能倒过来、会渗漏。酒类的物流成本实在太高了，因此物流限制了整个酒类产业的发展。

在李燕川看来，到大年三十之前，超市这一块应该是比较平淡，不会出现熙熙攘攘的情况。超市跟其他专卖店有所不同，它满足群众日常需求，相对比较稳定和平淡。过去是物资匮乏，现在情况则不同，更多的是理性消费。从时间点来看，初二、初五、元宵节可能会有一个小高峰。

（5）说说数据那些事

据分析，各家线上企业年货节数据有以下特征。

① 服饰仍旧是年货的重点品类，特别是女装。拼多多数据显示，在年货节期间，平台女装依旧稳居总销量头把交椅。特别是在传统非包邮区，新年换新装依旧是年货消费的首要诉求。包括新疆、西藏、青海、云南、甘肃、贵州在内的6省或自治区，女装服饰、男装服饰、童装服饰依旧稳列销量前三甲。

唯品会数据也显示，年货节期间消费者最爱买的前五名分别是面膜、护肤套装、女士羽绒服、女靴和女士大衣。70后、80后最爱买的是女上装，90后、95后最爱买面部护理产品。70后、80后在服饰穿戴、美妆个护方面依旧消费强劲。

② 坚果等年货礼盒销量猛增。京东数据显示，对比2019年和2018年年货节期间的商品销量来看，休闲食品蝉联年货销售冠军。

拼多多数据显示，在年货节期间，除女装服饰依旧稳居总销量头把交椅外，零食、坚果、蔬果、海鲜等类目分别超越男装服饰，成为该阶段消费主力；唯品会数据显示，坚果成为年货节最受欢迎的零食，相比于非年货节期间，坚果销量上涨近300%；京东到家数据中也提到，其年货销售中，零食销量在年货榜单排名第三。

③ 90后消费能力上涨。唯品会数据显示，90后在年货节中的消费量增长迅猛，增幅超过20%，且在日常家居、休闲食品、家具等方面的增幅均超过70后、80后，年轻一代的网购消费逐渐向家庭倾斜，成为购买年货的主力军。

④ 宠物经济不可小视。越来越多的都市白领和中老年人选择养宠物，春节回家宠物寄养，宠物食品和各种配件也是高峰时期。

我国的宠物市场形成于1994年，据《2018年中国宠物行业白皮书》显示，目前我国宠物市场规模已达1708亿元，比2012年扩张了近5倍。2018年我国宠物数量已超过1.68亿只，种类以猫和狗为主。中商产业研究院数据显示，我国宠物狗占比34%，猫占比20%。

天猫年货数据显示，在春节年货期间，2019年1月1日～15日，天猫的宠物粮食销售同比增长达到106%，动物药品增长了66%，宠物服饰则增长了38%；京东年货数据显示，2019年年货销量同比增长最高的三个品类分别是海鲜水产、营养健康和宠物零食，其中宠物零食涨了93%。

⑤ 水产增速加快，更加注重健康。唯品会数据显示，年货节期间购买高档养生滋补类食品的比例大幅增加，销售增长近2倍。

第 7 章

新零售困境：
发展受挫引发行业新思考

　　随着互联网红利的消失，大量资本开始撤离市场，电商增速已经放缓，它们开始布局线下。在这过程中，有的遭遇了挫折重新站起，有的就此倒下，成了资本的炮灰。本章主要介绍新零售的困境，以期引发行业新思考。

7.1 2018年电商消亡名单背后的趋势引发思考

如今,线上格局已定。电子商务中心发布的数据显示,2018年上半年天猫与京东市场份额已超过85%。随着互联网红利的消失,电商增速已经放缓。在整个社会消费品市场中,万亿元市场规模的电商仅占两成,不少头部电商已把目光聚焦到线下。

而对于那些倒闭或即将倒闭的小众电商来说,它们大多还处于"烧钱换市场"的阶段。在强敌环伺、寡头垄断的环境下,生存已是艰难,如何能分得一杯羹?一场热闹之后,只留下一地鸡毛,让人惋惜。

2018年年尾,不少企业没有挺过这个冬天,它们遭遇了什么?为什么会倒下?

笔者分析了2018年电商企业消亡原因,以期从这些企业的倒闭中,探析背后因素,供行业和创业者思考。

(1) 烧钱难以烧出未来

资本是逐利的,对于初创企业来说,它具有输血功能。

在电商刚刚兴起时,资本大潮蜂拥而至。红杉资本投资京东、唯品会、新美大,IDG资本投资贝贝、寺库,经纬中国投资蜜芽、小红书等。虽然电商模式不一,但都是少有盈利者。随着电商红利的消失,资本回归理性,对于那些在风口中跌落的企业,为了追求利益最大化,会加速资本变现退出。而在遭遇资本"寒冬"时,"烧钱换市场"的策略不灵了,它们资金链断裂,如蛇被打了七寸。

从辉煌到被三胞集团收购,再到倒闭,拉手网苦挨了8年。其创始人吴波曾认为,可以通过烧钱的方式彻底占住中国团购市场,但事与愿违。对于创业失败,星利源创始人刘洋认为创业成本太高,公司无法负担。

在香颂资本执行董事沈萌看来,资本已经看清电商及O2O的运营规律,不仅在激烈的竞争中电商领域从风口跌落，资本也回归理性，少了对它们的过度追捧。阿里CEO张勇则认为，任何用投资人的钱、圈来的钱来买成交额、买用户，这样的业务都是不成立的，是没有未来的。

2018年，无人货架资本潮开始褪去，七只考拉、GOGO小超、豹便利等先后折戟。由于无人货架模式还缺乏健康的盈利模型，外来资金仍是生死命门，而资本趋于理性后，恐再难获输血。

如今还有一个致命的问题是，越头部、越贵的项目，越容易拿到钱。峰瑞资本创始人李丰表示，第一个原因是，在缺乏经验的情况下，大家倾向于去投那些有足够多人投过、看起来比较安全的项目；第二个原因则是，钱进来得太快、太多，大家更倾向于最容易花大钱的项目。

（2）精细化运营决定成败

企业有着资本加持，蒙眼狂奔与野蛮生长也便成了常态。然而，在这种资本"红利"褪去后，野蛮生长需要转变成为精细化运营，以数据作为驱动。

依靠巨额资金注入，拉手网曾不计代价疯狂补贴，为商家提供高额分成，随后拉手网出现了净营收高增长，而这背后有着高昂的运营支出导致的多年巨额亏损。与之类似的雅堂小超2018年曾计划开设5000家直营便利店，为了抢夺终端，商品低于市场价销售。这种野蛮方式直接导致资金链断裂。

家园网创始人杨波则不满足于既有领域，不断扩张至家居、家装、家电、家具、家政、汽车、旅行、医疗、保险、就业、体育、教育、投资、大数据、云服务等在内的十几条业务线，这导致公司大量人财物的消耗。由于广撒网，缺乏明晰的业务主线，在三年烧光十几亿元后，积重难返。

类似的情况也出现在雅堂集团董事长杨定平身上，他因P2P踩线，涉嫌违法而投案自首。杨定平曾表示，金融只有注入实体产业才能发挥出真正的作用，而且金融只有通过实体产业的发展才能控制潜在的风险。然而，事与愿违。

（3）水土不服，难承模式之困

近些年，外资败退中国的一大主因是难以洞悉中国消费者的需求变化，在产品设计、营销推广方面与中国市场脱节。此外，与国内电商企业相比，国外电商在移动支付、物流等领域反应较慢，这对于已经被提前教育的中国消费者来说，显然是难以接受的。

此外，企业开展电商业务，在货源、物流、供应链等环节都需要花费大力气投入，而回报率可能在短期内无法体现。这也导致不少开展自营电商业务的企业难以忍受模式之困，以至于不得不及时抽身。

梅西百货中国行政总裁Dustin Jones曾豪言道："不管在中国要投放多少的资源，不管需要多久的时间，我们都必须在中国扎根，我们都不会放弃。"而仅开设一年多，梅西百货中国官网便宣布关停。

经常在梅西百货中国官网购物的消费者可能发现，网站不仅款式少，上新频率低，而且物流体验也不好。外资企业对中国消费者缺乏了解，整体运营效率不高，这也使得消费者更愿意去那些更为成熟的电商平台。

飞牛网最初定位是综合电商平台，不过由于发力较晚、缺乏电商思维、各项投入巨大，加之天猫、京东已经占绝对优势，实在是难以突围。

（4）电商仍有广阔天空

综合来看，这些倒闭的电商企业基本上都遇到了自身模式缺陷、难以深层次留存用户、经营重心不稳、资本退潮等问题。举例来说，与综合性电商平台相比，细分电商领域的同类型商品在价格和品质上并未有较突出优势，而一旦市场没有守住，它们想要再夺回，会变得很难。

一位不愿具名的业内人士透露，电商行业具有高度的垄断性，在全国电商巨头布局完成之后，其他电商很难再有作为，新进玩家不要去模仿这些"大象"。当然，电商下半场也会存在无限可能，也会有更多形式出现。

7.2 全面改造更名，从此再无"万达百货"

2019年5月15日，在苏宁"618"年中大促媒体发布会上，苏宁易购宣布万达百货的37家门店将正式更名为苏宁易购广场，并将打造为智慧零售广场。

苏宁易购总裁侯恩龙表示，37家苏宁易购广场将基于自身经营基础，整合自身在双线渠道的优势资源，如苏宁极物、苏宁红孩子、苏宁小店等其他业态，并联合原有供应商完成业态融合改造，实现模式的创新，打造集吃喝玩乐、购物于一体的智慧零售广场。加上原有的19家苏宁易购广场和16家苏宁广场，苏宁旗下广场业态已经达到了72家，正式建成了自营智慧零售广场体系。

苏宁"落子"万达百货，是张近东重塑线下战略的一步重棋，也是其深思熟虑的一步妙棋。百货作为线下零售商业的重要载体，在很长一段时间占据着我国零售市场的主导地位，即便在电商、购物中心等零售模式的冲击下增长乏力，也仍是零售市场不容忽视的一股力量。随着智慧零售的兴起，百货业触底反弹，成为消费升级的核心渠道，也为苏宁补足智慧零售产业链提供了最好的抓手。

事实上，在鼎盛时期，万达百货全国门店总数达到110个，与商业地产、文化产业、高级酒店一起并称为万达集团的四大支柱产业。

2015年就像是一个分水岭，在此之前，万达百货每年以开店15~20家的速度在增长。之后，万达百货开始大调整，并以"一年关店56家门店"事件震惊业界，被视为百货急速衰退的信号。频频关店之后，万达百货被王健林"踢"出2016年上半年业绩报告。

2017年，万达将商业地产研究院、资产管理部划转至商管集团（原"万达商业管理有限公司"），代管万达百货、儿童娱乐公司，一度被业内人士解读为"万达将重启万达百货"，但上述举措并没有改变万达百货在万达内部的"附属"命运。

截至2019年2月被苏宁收购前，万达百货在全国共有37家门店，大多位于一二线城市的CBD或市中心区域，会员数量超400万。

至此，随着万达百货逐渐更名为苏宁广场，万达百货最终完成它的历史使命，退出中国零售舞台。

7.3 百草味返回线下，"零食优选"首家店开业

做了10年线上生意以后，百草味终于又回到线下了。这意味着，百草味全面拉开了"全渠道"布局。

百草味联合创始人王镜钥表示，"百草味·零食优选"不同于其他零食店，它用产品透明化和定价透明化来重新定义零食店，并且通过八大核心功能区的细分体验，打造了一个让消费者吃得放心、买得放心，以及专业、高性价比、便捷的一站式全新体验零食购物方式。

"'零食优选'店是我们结合线上已经被反复验证的产品、运营模式，再加线下透明、快捷购买的需求，打造的一种全新体验服务和商业模式。"

值得期待的是，在商圈模式的"零食优选"店之外，百草味还将陆续开启写字楼、社区等不同类型的业态模式，为消费者打造更佳体验，完成电商之外的全渠道下半场布局。

（1）透明化打造一站式放心购新模式

不同于上一次"壮士断腕"式的果决，这一次，百草味走得很稳。自2017年4月提及布局新零售，2年筹备后，从大本营杭州首发，首店选择坐标湖滨银泰in77——杭州规模最大、位置最优越的购物中心及商业体，兼具了地理优越性、商业稀缺性以及西湖本身的历史文化积淀，可谓"人流量之最"。

这个解读性颇高的选择，似乎也能看出百草味解锁零售新模式的意图。

作为一站式放心购平台，百草味"零食优选"店根据店铺地理位置、商业优势背景，同时结合零食优选店的定位，核心推出了全品类400个SKU，其中10元"价格专区"占200个SKU，如图7-1所示。

图7-1　10元畅享专区

据了解，零食优选店通过精选用户最能感知的性价比产品，从而确定了主打10元价格专区的定位，针对不同产品的原料、成本以及便食性，进行规格调整及优化。这也是该模式的差异点所在。

在10元专区之外，百草味还特别设置了其他专区体验，例如爆品专区及进口儿童零食专区、场景体验区，前者主要是为消费者推荐口碑、人气产品，减少新用户的购买决策成本，后者则更有定制味道。

据了解，这也是百草味新门店"因地制宜"的举措，"会根据每个商区周边场景和环境，定制一些与此匹配的门店独特区域，以便与周边形成更好的互动"。以湖滨银泰in77"零食优选"为例，由于商场周边配备了针对儿童及青少年人群的体验消费，百草味在首家零食优选店推出了儿童零食专区。

（2）"没有渠道之分，以用户为中心才是核心"

"以前提及发展讲的是线上线下，而未来的发展是没有渠道之分的。一家公司真正的新零售运作应该是全渠道的，不是以产品为中心，也不是以渠道为中心，而是以用户为中心。"王镜钥解释，这也是继电商模式之后，百草味布局新零售完成让消费者"随时随地放心购"的核心。

首先是从消费者需求出发的产品甄选。数据显示，百草味的SKU已经达到了1000余个，涵盖了坚果、果干、糕点、肉类等全品类。以线上10年大数据沉淀与消费口碑为依据，百草味从中筛选了全品类400个"经受住消费者检验"的产品，这既保证了"多样多元的可选择性"，也为线下消费者做出一轮筛选，降低了购买者的决策成本。

而透明价格区的设置，针对价格盲区这一市场痛点给出了解决方案，首先提高用户对商品高性价比的认知，同时大大降低了消费者的购买焦虑感，营造放心消费的模式与场景。

"透明价格设置是一个讲求长远效益的机制，高性价比、便捷的本质也是为减少甚至消除负担消费"，王镜钥进一步解释。

从体验上来讲，对比两天左右的网购和30分钟的线下门店体验，消费者其实更看重效率。为此，在产品运营采取透明化提升效率的基础上，"百草味·零食优选"还引入了"刷脸支付"技术手段：在结算环节，消费者只要点击"开始刷脸"装置，对准刷脸，就可以轻松完成支付，省去了"收集支付"、"排队等待"等环节，真可谓快捷。

在后端支持上，正在全力推"消费者研究中心"的百草味自然不会放弃对线下消费者的深度研究。同线上电商一样，"百草味·零食优选"店引入了会员体系，一方面可以随时让消费者享受会员福利和体验；另一方面，通过积累数据，为线下消费人群构建更具有针对性的消费场景和体验，这自然包括大件配送服务、外卖服务等服务。

王镜钥说："重新布局线下，这是百草味在'全品类、全渠道、全人群、全场景、多品牌'发展战略之下，无限触达、服务消费者的必然趋势，这一次'零食优选'店，从选址考量到模式定位，再到产品策略到运营策略，我们都是以全新的模式去探索的，目的就是为消费者打造真正放心消费的场景和体验。"

7.4 无人货架要凉了！果小美融资失败要"翻船"

2018年4月25日，有传言称无人货架果小美要"裁员""解散"。

与此同时，某知名职场社交平台上也出现了各种匿名爆料，"果小美这次融资真的没戏了，昨天晚上连夜裁员"，"还在果小美的老哥们赶紧准备后路，船要翻了"。在匿名爆料后面有评论留言称，"果小美连夜裁员是为了融资后不给老员工加薪水……老板格局太小，不能待在这公司了"，"过完年后内部都知道，拿不到融资……"。

当日晚间，有果小美工作人员家属爆料，果小美在北京的一处指定仓库被供应商封仓，果小美跟供应商的合作出了问题。

虽然各种消息层出不穷，但综合起来发现果小美可能遇到了以下三个问题。

① 公司资金链断裂。

② 市场由59个城市紧缩至15个主要城市。

③ 员工开始被大幅降薪，人心浮动，降薪幅度在25%～30%。

随后，果小美CMO胡冠中回复媒体称，他就在北京的办公室里，果小美一直都会在，也会不断探索办公室零售的运营模式，解散是不可能的。另外胡冠中发布一份最新数据，以证明果小美现在状况正常。

事实上，与另一家无人货架头部玩家——猩便利一样，果小美无论是像传言一样真的出现了问题，还是像胡冠中说的那样一切正常，进入2018年以来，无人货架行业的发展出现严重问题是不容置疑的。

（1）资本搅动下的无人大战

无人货架的出现让零售巨头们猝不及防，于是大佬们纷纷上船补票，这其中包括经纬中国、IDG创投、蓝驰创投等知名投资机构。在资本的疯狂追逐下，不断有玩家杀入办公室无人货架赛道。阿里、腾讯系每日优鲜便利购、猎豹、京东到家、顺丰、苏宁等巨头玩家均已入局无人货架。

2017年12月19日，阿里联合美的集团推出"小卖柜"，正式进军无人货架领域；看似和无人货架八竿子打不着的猎豹移动，也在这一天确认布局无人货架，旗下"豹便利"从11月初开始运营，已铺设5000个点位。

2017年12月29日，每日优鲜便利购宣布拆分独立运营，并已获得腾讯领投A轮、鼎晖领投B轮，A＋B共计2亿美元融资。

京东到家无人智能柜已经升级到了第二代，顺丰的无人货架项目"丰e足食"也在2017年11月底宣布正式运营。

截至2018年4月，已经有小e微店、老虎快购、果小美、哈米科技、猩便利、零食e家、领蛙、七只考拉等多家无人货架创业项目。

无人货架究竟有多疯狂？根据媒体梳理的不完全统计，无人货架项目被披露获得融资的近30家，累计投资金额近30亿元人民币，资本追逐的速度令人咂舌。猩便利刚成立便在天使轮拿到1亿元投资，11月初又获得红杉等机构的3.8亿元A轮投资；同样，成立才半年的果小美也接连拿到了近5亿元的投资。

（2）攻城略地，抢占点位

对于办公室无人货架来说，场景、运营企业、用户三者构建了生态链，而要占据这个生态链，场景尤为重要。得场景者，得流量。

毋庸置疑，办公室无人货架关键是点位之争，谁占据的场景点位越多，谁就可能在竞争中领先，当无人货架做到100～200个点位时，如果还想继续扩张，就必须要打通渠道资源，花最少的钱获得更多优质点位，以此赢得投资方的青睐和认可。

据无人货架行业从业者透露，在行业内部的确存在此类的恶性竞争现象，为了快速铺量，挤垮竞争对手，部分无人货架企业竞品商务BD（Business Development，商务拓展，此处指从事这项工作的人）私下接触多家竞品商务BD，以金钱利益为诱惑，明码标价购买竞品点位及数据，然后进行疯狂铺设无人货架。

更有甚者，向入驻企业负责人散布竞品的谣言：资金链断裂、已经停止开拓市场，随时可能无法付款即将被收购等；一些平台通过高价购买无效点位来鼓吹自己货架业务分布数据，以赢得更多资本关注。

（3）恶性竞争，乱象频发

"醉翁之意不在酒"，在资本眼里，无人货架不仅仅是新零售的入口和关卡，更是后面源源不断的流量。这就意味着谁占据更多的场景和点位，谁就能获得数据，获得流量，打通渠道资源，这也意味着赛道竞争的激烈及惨烈。

谈及行业竞争，有业内人士表示，目前办公室无人货架领域存在严重的恶性竞争：首先，打价格战，由于货架摆放商品雷同，同样的商品，出现不一样的价格；其次，存在烧钱买点位、买客户、抢占办公区域、破坏货架、损坏商品、涂画支付二维码、价格标签等恶劣竞争行为，甚至个别BD冒充竞争对手BD撤换货架。

（4）低估人性贪婪，高估白领素质

《电商报》称，有人预测无人货架会成为下一个"共享单车"，大量资金涌入会导致市场极度扩张，但同时因为低门槛，缺少差异化，也很容易陷入同样的烧钱大战，大战过后是否又是一地鸡毛？与大量共享经济项目一样，无人货架也将面对消费者素质与信任的严峻考验。

据媒体报道，无人货架项目"用点心吧"在铺设完成64个无人货架后，核对前端和后台数据时发现，货损率超过20%，货损最严重的甚至达到39%，有时后台显示货架上还有不少商品，补货人员去了却发现货架已经空空如也。

一家无人货架的创始人表示："我们经常会看到有人拿了东西却不付款，虽然都是写字楼里的白领，但也不见得就有多高的觉悟和素质。"

货损率高是一方面，另一方面每天货架补货带来的人力成本也不低，在如此严峻的情况下，无人货架这个创业项目很难实现盈利。正如今天的共享单车一样，即便每天有千万辆哈罗、摩拜在满街跑，投资人依旧在为流量变现而

头疼。

互联网创业往往不能以传统商业的思维模式来实现变现，能否在这个不到1平方米的小货架上玩出花样，这需要创业者的智慧。

（5）巨头的收割期

事实上，无人货架的竞争，本质上还是零售的供应链和人性的竞争。除了抢占布点以外，要想维护下去必须要打造一个强大的供应链体系，降低商品损耗。

然而，市场上的无人货架创业者拥有零售行业经验的屈指可数。在资本的快速催化下，行业充满浮躁，肯静下心来认真打磨供应链的更是寥寥无几。

随着资本的降温，没有了资金支持，无人货架凉下来是意料之中的事情。为了活下去，寻找巨头作为靠山，也成了顺理成章的事。

7.5 小米上市股价跌破5%，后面排队的准备好了吗？

2018年7月9日上午9点30分，随着一声钟响，热闹了几个月的小米正式在香港主板上市，股票代码1810.HK，IPO发行价为17元港币。

小米上市并不一帆风顺。盘前小米新股破发（指股票发行上市当日就跌破发行价），报16.6港币/股，截至9点50分，小米股价为16.10港币/股，下跌5.29%，总市值为3602.56亿港币，即459亿美元。雷军在盘前哽咽致辞："全球资本市场风云变化，感谢十多万投资者支持小米，包括李嘉诚、马云、马化腾先生等。尽管大势不好，但我坚信好的公司依然能脱颖而出。"

事实上，此次小米上市正值中美贸易战的关键时刻，国际资本市场风云变幻，道路堪称波折。市场估值由当初的1000亿美元，到如今的459亿美元。用雷军的话说，小米能够成功上市就意味着巨大的成功，但更荆棘的道路还在前面。

从市场上看，小米的业务支柱——智能手机全球市场严峻。据权威调研机构IDC报告显示，2017年全球智能手机出货量共计达到14.62亿台，下滑0.5%，其中中国的出货量下滑了5%，这是全球智能手机出货首次出现下降趋势。而2018年第一季度全球智能手机出货3.34亿部，同比下降2.9%。这从侧面反映出，消费者对智能手机的更新换代需求已逐渐出现了疲态。小米要想在智能手机业务上获得更大增量将越来越困难。

从技术上看，虽然小米多次声称自己为高科技企业，但小米的研发投入及专利技术储备依旧严峻。从小米的上市招股书上看，小米近3年研发占全年营收的比例为2.3%、3.1%、2.7%，远低于苹果的5%和华为的10%。虽然小米声称已经储备了16000多项专利，但小米的专利大部分是外观设计和实用新型。根据中国专利法，外观设计和实用新型是不用实质性审查的。仅仅在上市期间，小米就遭到酷派及袁弓夷对小米侵犯专利权的诉讼，在过去，小米更是遭受多次专利的法院诉讼。

从盈利水平看，小米的盈利能力是否能被资本市场认可尚未可知。小米招股书显示，小米2015年净亏损3.0亿元、2016年净利润19.0亿元，2017年净利润53.6亿元，其2017年的净利润率为4.67%。在小米启动上市前夕的最近一次手机发布会上，雷军承诺，小米是一家以手机、智能硬件和IoT平台为核心的互联网公司。小米有勇气、有决心推动一场深刻的商业效率革命，永远坚持硬件综合净利率不超过5%。

如此低的利润率，不用说与同类科技公司苹果比，就连格力都远远不如。对于科技公司来说，技术是核心竞争力，然而核心技术有很长的回报周期和很高的投入要求，企业只有获得足够利润才能用于研发等投入。低利润的小米是否有能力在研发上进行有效的投入令人质疑。

另外，有多位投资人表示，随着金融去杠杆的呼声越来越大，一级市场能够动用的钱将会越来越少，而二级市场近来表现也不容乐观，资本市场将会越来越谨慎并回归理性。

面对新兴独角兽，港股表现得更为理性。据统计，港交所2018年上半年新股数量同比增长49%,融资额同比却减少17%,101只新股仅募资503亿港币,比去年同期68只股票募集的548亿港币少45亿港币。小米上市就破发,显得略微尴尬。但是,2018年以来港交所新股破发率高达72%。

作为香港首支同股不同权股票,小米所面临的市场环境并不乐观❶,雷军已经预见到了,似乎也做好准备了。但小米上市的意义不仅如此,更是代表了一个时代,代表了国内众多互联网科技独角兽的前途的分割线,那么他们做好准备了吗?

---

❶ 小米股价自上市首日跌破17港币发行价以来,一路向下,截至2020年3月15日收盘,每股已跌至10.98港币,市值已从雷军早前在致全员信中感到骄傲的543亿美元,缩水37%至339.5亿美元,与之对应的是小米智能手机地位的下滑。

第 8 章

零售的未来：
调整零售模式再一次出发

　　新零售2.0时代来临，更多的科技和全新产品进入公众视野，如无人咖啡屋、阿里商业操作系统、美团无人微仓等一个个崛起，这些新产品和概念都将影响零售行业以后的发展。本章主要介绍新零售行业未来的发展趋势。

8.1 零售业的未来，从一个无人咖啡屋说起

2018年10月中旬，笔者受邀参加京东在北京的扶贫活动。活动时间是夜晚，场地在鸟巢旁边的露天广场。深秋的北京，夜晚的寒冷让长居在南方的笔者猝不及防。虽然之前主办方有所提醒，但是对凉意预估不足，笔者只带了一件厚外套。活动开始后，虽有多个明星在台上助阵，有让人潸然泪下的扶贫故事，但笔者只坚持了不到1个小时便瑟瑟发抖，鼻涕也不争气地流下来了，遂和几个同样遭遇的媒体朋友撤出现场，到附近寻找温暖之所。

以往热闹非凡的奥林匹克公园在当天安静无比，虽然周围类似麦当劳、星巴克这类休憩门店众多，但我们一行5人围着鸟巢和水立方绕了将近一周，也没有一家商店开门。正当我们准备重回会场的时候，在水立方侧面空地上的一个亮着灯的玻璃房子吸引了我们，走近一看，是一家名叫BOX2GO的无人咖啡店。店内提供热饮和休息区，已经有两个人正在休息区闲谈。这里对于我们这群冻得瑟瑟发抖的人来说就是天堂。

我们一行人熟练地扫码点单，开门取饮品，坐下畅饮。随着热饮让身体逐渐恢复温度，我开始打量起这个小小的玻璃咖啡屋。玻璃屋整体不大，10平方米左右，除了一台制作饮品的自助机器以外，有10个可供休息闲谈的座位，还提供免费Wi-Fi。在笔者观察的过程中，店里又进来了三个人。

随后，我们几个媒体同行职业病发作，开始对这种无人咖啡屋的存在讨论起来。大家一致认为，这种形式的咖啡屋是有必要存在的，也是有需求的，但并不能大规模普遍性存在，因为它只适用于特定场景。同时，大家也认为这种特定场景也适合所有的无人店，并对之前很火爆而现在显得冷淡的无人零售表示惋惜。

从这家无人咖啡店，笔者还看到了零售业目前面临的些许问题和未来的发展。以这家无人咖啡店来说，在进店的过程中观察发现，无论是与笔者同行的人，还是后来新进店的人，他们应该都是第一次来这家店的顾客。但在进店后

的操作均相当熟练，进店后也会很自然地连接店内提供的Wi-Fi，一切都显得那么自然。我们应该关注到这种人与互联网的联系，人对互联网的依赖已经成为一种自然，而互联网对人的改变已经成为基础。在互联网社会的今天，传统零售与互联网融合是有必要的。

那么，融合了互联网的零售就一定是无往不利的么？

还拿这家无人咖啡店来说，咖啡行业是一个很古老且传统的零售行业，而无人自助技术又是基于互联网技术发展的新兴事物，双方的结合即是大部分人认为的新零售。按照正常思路，双方的结合应该无往不利，而真实情况是：在奥林匹克公园这种特定场合，这家无人咖啡店可能会活得很好，但在商场和商圈还是传统的咖啡店（如星巴克）更受欢迎。

我们发现，插上互联网翅膀的无人咖啡店，既没有击败传统的咖啡店，也没有跟无人零售刚出现时有些人认为的那样颠覆咖啡这个行业。它存在的基础是需要随着场景的变化而变化，所以面对互联网，零售业首先要勇敢拥抱、积极改造；其次，面对互联网，零售业也不能主次不分，互联网是基础，而零售才是根本。

零售的三要素是"人、货、场"。在咖啡这个行业，大部分人对货的感知度不高，而人和场却不断变化着。放大到整个零售行业，"人、货、场"三要素一直在相互变化，零售业也需要根据这种变化而变化。

正如同联商网顾问厉玲一直强调的：零售没有模式，能适应消费者的就是最好的模式。也如同罗森中国董事、副总裁张晟在2018联商风云会上所说，零售人如果没有理智，五年后一定活不下去；如果没有睿智，五年后不会活得很好。零售业不是一蹴而就的行业，而是真正满足了消费者的需求才能够活下来的行业。

上善若水，而水利万物，想必零售业亦如此。

8.2 阿里的新零售搞得怎么样了?

自提出"新零售"以来,围绕着这三个字,阿里巴巴集团做重大组织结构调整4次,通过收购、控股、入股等方式涉及零售行业相关企业数十家。

但相当长的一段时间,外界对阿里新零售到底要做成什么样仍旧不是很清楚。同时,对"新零售"这个词追捧者与批评者皆有之。阿里新零售实际上承载了外界对零售行业数字化转型的期待。

2019年1月11日,阿里正式推出阿里商业操作系统,并表示这套系统将帮助企业完成"品牌、商品、销售、营销、渠道、制造、服务、金融、物流供应链、组织、信息技术"11大商业要素的在线化和数字化。张勇认为,阿里20年的积累和新零售的实践,沉淀出阿里商业操作系统,阿里商业操作系统将帮助零售业走向新零售。

事实上,这个商业操作系统一举打破了过去传统零售行业在数字化转型过程中遭遇的服务商只能提供工具化、普遍适用性的解决方案,而无法满足全局性,无法系统化解决问题的桎梏。

此时,行业才对阿里要搞的新零售有了一个直观的了解,那就是以数字化为驱动力,推动零售行业转型升级。而这个为新零售量身打造的数字化商业操作系统,从某种意义上来说,也承载了阿里保持持续增长的新曲线。

当然,要想得到行业对阿里新零售的认可,阿里自己必须拿出一个可让人信服、可复制的案例出来。在2017年5月完全私有化后,全程参与阿里新零售的银泰百货恰好是其中的一个。

2019年5月27日下午,笔者应邀参加了阿里"新零售、新阶段"沟通会,以银泰百货和"1919"为例,彻底聊了聊近3年来阿里新零售的阶段性成果。通过这次沟通,我们了解到:①银泰百货数字化做了什么?②"1919"接入阿里商业操作系统以来改变了什么?③阿里在其中扮演了什么角色?

（1）银泰百货数字化

在沟通的开始，银泰百货CEO陈晓东给我们列出了一组数字：营业面积2.72万平方米的银泰百货武林店化妆品分类的年流水为10亿元，其中有21个柜台做到了2018年全国第一，有901个单品年销售超过百万元。陈晓东还特意强调了一点，这些数据并不是因为销售面积增大，而是同样单位的生产资料让生产效率提升，其中的秘诀就是基于阿里巴巴数字化商业操作系统带来的改变。

事实上，谈到零售，我们会想到三要素"人、货、场"。谈到数字化，就应该是对"人、货、场"三要素的各个环节进行数字化，那么它分别对应的是会员的数字化、商品的数字化、运营和管理的数字化，银泰百货也不例外。

① 会员数字化。银泰的会员数字化分为两个部分：其一，银泰本身线上与线下会员体系的打通；其二，银泰与淘系之间的会员打通。而银泰本身的线上线下会员打通，早期通过喵街APP已实现。

如今，银泰与阿里系庞大的会员体系融合，有了这个基础，银泰卖场里现有的50000名导购就可以基于钉钉、淘宝直播等工具与会员在喵街、手淘互动。让他们不仅能够服务临柜顾客，还能延展到线上。

② 商品的数字化。所谓商品的数字化，就是所有销售的商品都要线上线下打通，使用同一个ID可以打通不同销售场所、不同仓库的同一个商品，同时做到不同销售策略以外的线上线下同价。

银泰有基于商品数字化服务和商场周边的定时达服务，以及60天无理由退换货服务。在退货的环节，顾客在喵街上一键就可以办理退货，可以快递小哥上门取货，也可以顾客自己到门店来退换。

③ 运营和管理的数字化。在商品和会员都数字化以后，就需要运营管理了，这包括对员工的管理和对顾客、商品、服务的运营。

在管理员工方面，银泰全员使用钉钉，通过钉钉管理员工，从而实现从总部到末梢的一呼百应。陈晓东表示，钉钉是CEO都很喜欢的软件，通过钉钉银泰百货拥有了核心的组织能力。

在交易流程上，银泰改变了传统百货购物、结算在同一柜台完成的模式，在商场里布置了14000多台云POS。收银效率从原来1单两三分钟缩短到1单58秒。

很明显，在完成了商品数字化、会员数字化、运营与管理数字化后，银泰百货解决了线上线下商品、会员、运营、服务割裂的问题。实现了由原来通过不同渠道服务、不同顾客服务向基于门店对不同顾客全方位服务的零售模式的转变。

现在，银泰成了一家部署在阿里云上的百货公司。与其说是百货公司，其实更像互联网公司。在银泰百货CTO（首席技术官）三七看来，银泰已经变成了服务数字化会员的互联网商场、基于数据驱动的货找人的商场、有规模化部署新零售能力的商场。

（2）"1919"接入阿里商业操作系统的改变

在2019年3月21日的"中国酒业数字化创新峰会暨1919千城万店战略发布会"上，"1919"创始人、董事长杨陵江宣布"1919"全面接入阿里商业操作系统。

这是阿里商业操作系统正式推出以来，第一个正面宣布加入的垂直电商。在此次沟通会上，杨陵江也讲述了新零售和与阿里合作以后的一些改变。

杨陵江认为，新零售给酒行业带来了三个方面的改变。

第一个变化，新零售让互联网和线下不再对立。线上和线下在酒类流通行业原来是对立的，互联网的销售对传统的经销商冲击非常大，"1919"公司曾经被称为是"行业公敌"。现在是一种分工。"1919"所有的线上订单，都会回到线下的门店，也就是说线下觉得线上抢走他们线上订单的日子一去不复返了。

第二个变化，让价格更加透明。线上的价格是面向全中国消费者的，当信息不再封闭时，价格瞬间击破了很多封闭的环节。

第三个变化，减少中间环节。"1919"与酒厂合作以后，不需要再从一批、二批手中拿货，只需要酒厂将货送到"1919"仓库就可以了，这样减少了库存的周转，也降低了串货风险，同时丰富了消费数据。

杨陵江认为接入阿里商业操作系统以后，给"1919"带来了以下三点改变。

第一个变化，订单的变化。 接入阿里商业操作系统以后，"1919"的线上订单就不仅仅是自己的APP订单了，还包括来自天猫、饿了么的订单。

第二个变化，实现了商品库存及会员的打通。 现在通过阿里云疏通底层技术，"1919"将所有的数据传到中台。现在"1919"的订单延误率不到1%，在全国600多个城市，"1919"能够做到平均60%的订单都在19分钟内完成。

第三个变化，门店功能的变化。 接入阿里商业操作系统以后，"1919"的门店不再是一个传统的到店零售的场所。第一，它们变成前置仓，每一个门店，实际都是不同入口的线上订单的前置仓；第二，店员也不只是传统的导购员，还是订单配送员；第三，门店成为一个酒类产品的推广中心。

（3）阿里扮演了什么角色？

在银泰百货和"1919"的案例中，我们会发现阿里就如同一个多面手，在不同场景扮演不同的角色：在会员数字化中，阿里扮演的是线上线下不同领域流量互通提供商；在商品数字化中，阿里扮演的是一套IT系统提供商；在运营数字化中，阿里扮演的是云及大数据分析服务商；在员工管理中，阿里扮演的是一套组织体系构架的服务商。

阿里就是这套商业操作系统的核心，全局性、系统化解决零售企业数字化升级问题。正如张勇在2019年1月全球品牌新零售峰会上所说，商业操作系统的关键不是单一模块，而是加起来输出一套系统能力。这个能力让软硬件结合得更好，让用户体验变得更好，让商业有新的可能。这就是阿里用了近三年时间，为新零售找到的一条系统性、可视化、可复制的做法。

就像陈晓东在沟通会上的解说，"漫长的冬天会孕育出一些新的东西，看到河边柳树成长的时候还是寒意正浓。等到大家看到满眼绿色的时候，不知不觉所有的事情已经发生变化了。"

2019年12月阿里公布了商业操作系统发布一周年的成绩。阿里用"新品、新客、新组织"七个字概括了商业操作系统一年来的主要成绩。其中,新品是2019年天猫全年贯彻执行最为彻底的战略。

截至2019年9月,商家在天猫发布超9000万款新品,这相当于每个天猫品牌商家平均每月发布50款新品。过去一年,2000个淘品牌在淘宝诞生。C2M (Customer-to-Manufacturer,用户直连制造)产业带定制新品同比增长7倍。商家每月通过阿里妈妈营销推广200万件新品。2019年,超500个品牌4000多款新品接入天猫精灵,并且获得阿里巴巴人工智能实验室支持的技术能力。

8.3 集体"卖菜"背后:新零售迭代至2.0?

2016年1月15日,第一家盒马鲜生在上海金桥国际商业广场开业。这一年开始,"新零售"概念开始踏上风口。京东、苏宁、美团、永辉等随后入场,创业者紧随其后。

如果我们把目光再次投向"新零售"会发现,几年前纷纷入场的巨头们,2019年年初也步调一致地开始"集体转向","卖菜"竟然成了2019年"新零售"的新风口。

美团买菜、盒马菜市、饿了么买菜、苏宁菜场……一个又一个的新名字前赴后继,似乎在说明一个事实:新零售已"老",新零售正在完成迭代。

(1) 5种业态合力,盒马鲜生要填"5个坑"

新零售领域,盒马鲜生动身足够早,开店足够多。截至2018年年底,盒马鲜生门店已达122家。

不过,盒马也曾经遭遇过质疑。有段时间,"学盒马被带坑里"等论调一时之间喧嚣尘上。行业集体反思,为什么除了盒马早期明星店之外,新零售企业鲜有盈利?是否盒马只是一个个例,它的成功究竟是不是偶然?

甚至在2019年3月的联商网大会上，盒马鲜生CEO侯毅还主动自我调侃："过去一年，网上有很多文章说侯毅把大家带进了坑，所以我今天的题目是《2019年，填坑之战》。"

演讲中，侯毅主动自我反思：第一，包装食品是否具有竞争力？第二，大海鲜还"性感"吗？第三，创新是否足够？第四，线上的物流成本能不能覆盖掉？第五，盒马鲜生是不是最佳的商业模式？

最后，他一下子公布了盒马菜市、盒马mini、盒马F2、盒马小站4种新业态，加上原本的盒马鲜生，五箭齐发。

不过，5种模式中，侯毅最关注和强调的是盒马菜市、盒马小站。他不仅预告了盒马菜市的开业和散装陈列模式，还公布了2家上海新开盒马小站的日单量，一天大概有1000单。这几乎可以认为是盒马在遭遇2018年"五个坑"之后的主动调整。

虎嗅曾发文——《净利润集体下跌，永辉、新华都等传统商超被盒马带坑里了？》。作者表示，除了盒马，没见到一家"新零售"说自己能跑通盈利的。盒马有13家门店的时候，说自己实现规模盈利；发展到40多家门店后，也没再听它嚷着"取得大规模盈利"。

为什么会这样？原因很简单，盒马"店仓一体"模式下，高昂的物业成本和店面装修成本，挤压了原本就不高的零售行业标准利润。据联商网零售研究中心统计数据显示，2019年上半年，我国150家零售上市公司共实现营收14672.73亿元，净利润887.33亿元，净利润率只有6%。具体到超市板块，15家上市公司的合计净利润率只有2.5%。本来就极其微薄的营业利润，一旦经营效率和坪效不如预期，极易出现亏损现象。

这种情况下，控制店面大小、选址黄金度、店面装修成本等，成为盒马的必然选择。在新零售持久战中，轻装上阵才能提高生存概率。

（2）为何是"买菜"和"社区站"

2019年伊始，为什么大家"集体转向"，关注起菜市场这门小生意？

盒马首店开业3年（也就是2019年）后，同样是1月15日，美团买菜的首家便民服务站与同名手机APP启动测试。

3月26日，美团买菜"进京"，在天通苑、北苑两个超级社区开站。

3月28日，盒马新业态"盒马菜市"首家店在上海五月花广场开业。

3月30日，口碑饿了么宣布，将以平台模式把买菜业务扩张至全国500个城市。

4月3日，苏宁小店宣布，将于4月下旬上线"24小时内从原产地直发至门店"的苏宁菜场功能模块。

一时间，把品类做少、聚焦"买菜"等三餐食材，把面积做小、转战社区店或前置仓，成了大家的共同选择。缘何如此？其关键还是在于："高频"必可打败"低频"。在生鲜品类中，"买菜"是最有机会成为最高频交易的明星品类。

如果说盒马凭借餐饮及"网红"知名度所带来的高频打败了传统零售，那么，生鲜品类中最高频的"菜"极有可能再度颠覆，成为前一代新零售的杀手。同时，区别于前一代新零售代表的"中心化"思路，新一代新零售要做的恰好相反——"去中心化"。

盒马希望自己成为顾客的目的地，让顾客"走向"门店；而美团买菜则希望让门店"走向"顾客，通过社区化选址和最快30分钟送达的即时配送体系，让商品直接走入顾客家。

另一个方面，和"社区店"模式相比，不给顾客提供逛店空间的社区"前置仓"模式，可以进一步压缩进道面积占用、装修成本、商品展示空间成本等，提升运营效率和成本控制能力，做到最大程度上让利于消费者。

有分析称，"美团买菜的模式是在社区密集的地方建仓，通过蔬菜、水果、肉禽蛋奶等高频产品入口培养用户习惯，并通过丰富的长尾SKU产品变现。"IDG资本董事甄志勇曾表示，新人群和生鲜消费的广泛性，让社区零售具备了更多的想象力。

（3）新零售2.0的五大特征

新零售1.0时代，厂商以"餐饮"的高频消费吸引客流，从而解决高档大生鲜产品的动销难题，升级传统零售效率，带动传统零售转型。新零售2.0时代，厂商以更加高频的"菜"来承担此前"餐饮"的战略价值，成为新零售2.0玩家的获客引擎。

从大家的集体转向可以猜测，"菜篮子"确实有机会撑起独立市场，而主打"手机菜篮子"的美团买菜，也确实有机会成为新零售2.0时代的领头羊玩家。

高频法则下，新零售2.0时代将呈现以下五大特征。

① 选品聚焦。平台回归理性，选品聚焦蔬菜、肉、禽、蛋等一日三餐食材，高频、刚需、生活化成为第一选品法则。

② 选址下沉、深入社区。与商业中心相比，社区买菜需求更为旺盛，同时物业成本也更加可控，可以取得更优的选址性价比。

③ 前置仓取代店仓一体。生鲜新零售的"哨站"由大店变小站，甩掉低坪效体验区，降低运营成本，提升配送效率。

④ 订单靠线上。一方面，前置仓模式决定了用户只能在线上下单；另一方面，通过品质化、生活化的选品思路，可以省掉消费者的购物决策成本，满足当今的快节奏工作和生活需求。

⑤ 轻量小包装、快送到家。当2~3人的小家庭成为"买菜"主力时，选择一顿饭就能吃完的200~300克食材成为主流选择。再配合最快30分钟送达的即时配送系统，可以做到"即买即送"，做饭前手机下单就可送菜上门。

当然，规模效应将是新零售2.0的盈利密钥，如果不能快速建立合理的门店网络密度，做大用户规模，将跑不出真正的头部玩家。

不过，这恰恰也是前置仓的优势所在，扩张速度快、易复制。商业咖啡的《新零售走了，前置仓留下》一文中指出，前置仓的这个优点"可能会被各路玩家资本逐渐放大"，甚至成为"胜负手"。

距离"新零售"概念的首次提出已有几年时间，或许确实到了这一概念自身的迭代时刻。新零售2.0，也许有机会成为生鲜零售最终的正确解法。这也意味着，零售行业里最后一颗"皇冠上的明珠"——生鲜零售或许即将迎来被互联网和电商加持的进化时刻。

8.4 无人微仓发布，前置仓模式进入2.0时代？

在餐饮外卖领域，美团早已经成为行业领导者。在零售领域，美团也开始重点发力布局。自2017年以来，美团在零售领域开始了多种尝试，2019年3月又上线了前置仓模式的美团买菜。

事实上，无论是前置仓模式还是店仓模式，到家服务已经成为整个业务流程必不可少的一环。为了显示做零售业务的决心，美团在2018年7月发布了针对零售到家场景的闪购品牌。据悉，闪购业务涵盖超市便利、生鲜果蔬、鲜花绿植等众多品类，30分钟配送上门，24小时无间断配送。

（1）无人微仓

在现有的仓配模式上，前置仓到家服务一般都是由仓库员工根据订单拣货，然后交付外卖骑手送货上门。2019年6月17日，美团闪购正式对外发布面向商超、生鲜等零售行业的全新业务"无人微仓"，这些业务或许正在改变这一切。

据美团闪购提供的资料显示，所谓无人微仓就是通过微型前置仓的形式，使用自动化完成零售到家场景中订单的拣选和打包。从商品推荐、线上下单、智能货架拣货、机器人运输、自动核验、打包到交付配送都可以实现全程自动化。

具体来说，就是消费者在美团或美团外卖APP闪购入口下单后，无人微仓接到订单需求，传递给调度系统安排生产订单，由运输机器人开始在不同货架间收集订单商品，自动打包后交付给骑手，完成最后的配送履约。

"无人微仓"的出现标志着美团在零售领域布局升级，它用技术进一步助力零售行业，提升自己在该领域的竞争力的体现。更重要的是，通过美团的

"无人微仓",一个前置仓模式的2.0时代似乎正在走来。

(2) 模式能否成立

看一个模式的好与坏,首先要看看它能否成立,其次还要看能否快速落地。美团闪购表示,此前美团闪购无人微仓已经在北京、广州、天津等研发实验室进行内部测试,验证了其在效率和成本上的可行性。

根据测试结果,美团闪购无人微仓给出如下数据。

① 在拣选效率上,无人微仓相较传统模式提升了7倍,尤其是多订单并行高峰时段的情况下,其优势更加明显。

② 在空间利用率上,无人微仓无人化流程让货架高度、间距进一步优化,使得空间利用率相比传统模式提升了4倍。

③ 在运营时间上,无人微仓摆脱了对人力的依赖,微仓模式能够支持24小时不间断运行,规模扩张变得更快速、简单。

④ 在商品上,无人微仓以家乐福超市售卖的商品为测试样本库。目前,无人微仓多种机械结构的全自动化分拣方案可支持90%以上的商品,仅冷冻商品、活鲜水产及超长宽的特殊商品需要用人工来完成补充。

⑤ 在成本上,零售行业商超、生鲜"到家"每单分拣成本基本在3~6元,目前行业内成本最低可以达到每单1.5元,无人微仓在后者基础上还可以下降50%左右。

在模式上,与传统前置仓相比,无人微仓明显在拣货效率和节约成本上有大幅度提升。随着技术和设备的更迭,这些数据应该还有相当大的提升空间。

(3) 为什么是美团

在前置仓模式火爆的今天,做前置仓的零售企业也很多,为什么是美团率先推出无人微仓。这与美团的整体战略和自身优势相关。

在战略上,自2017年以来,美团在非餐饮的零售领域开始了多种尝试,从店仓的小象模式到前置仓的买菜模式,再到服务于超市便利店等多品类的美团闪购品牌上线,最后到如今的无人微仓的发布,均显示了美团对非餐饮零售的重视。

美团的意图很明显,希望完成从为商户提供流量供给(美团平台APP或闪购流量入口)到为商户提供捡货、打包、核验等订单流程服务,到最后为商家提供履约配送环节服务(美团配送、无人配送)的全流程零售到家服务的商业闭环。

流量供给和到家配送美团已经基本实现。中间的捡货、打包、核验等订单流程服务不可能让美团给每个前置仓或者商户派驻专门拣货人员,这样做费时、费力、费财。要想实现这个中间环节,必须有一套标准化可复制的方案。因此,探索无人微仓便是题中应有之意。

"无人微仓"的实现,关键是技术和数据,而作为国内最大的本地生活平台和科技公司的美团在这方面优势明显。

技术上,在互联网公司里,美团的技术实力常常被低估。美团高级副总裁王莆中曾对媒体表示:"美团不仅仅是一家平台业务公司,更是一家科技公司。"数据显示,美团外卖一天的订单量超过2400万单,有60万骑手活跃在中国2000多个城市,如果没有强大技术支持是无法保证正常运行的。

笔者了解到,美团从一开始就坚定不移地走技术路线、坚持系统派单,并且自建了一套智能调度系统,可以在极短时间内将大量涌现的新订单和周围的骑手进行实时匹配,同时兼顾用户体验、商家体验和骑手体验,追求体验、效率和成本的最佳平衡。现在,美团外卖上60万外卖小哥的日常派单都依赖这个高度智能化的"超级大脑"。

同样,在无人微仓方面,美团也坚持技术自研。美团闪购表示,无人微仓项目是从美团闪购上线后1个月开始组建团队筹备。如今在机械结构设计上已经拿下30多项专利,并且自主研发了订单调度和自动化调度两大核心系统。

数据上,美团闪购业务拥有海量的交易数据,累积了丰富的用户及商家数据,这让无人微仓不仅是提供了自动化的机械工具,更是形成一个"智能化大脑",能够为商家在选址、选品策略、销售预测、损耗控制、分拣优先级设置等方面提供策略支持,达到真正的"自动化"。

同样，数据和技术上的优势也让无人微仓快速落地成为可能。前置仓模式的特点就是要求网点密集、数字化程度高和订单反应快。高技术下的标准化、自动化的无人微仓，其高标准化产品组件可以在落地过程中快速被复制。同时，交易全程数字化和交付的准确性，再配合60万美团配送小哥的即时订单服务，让客户体验变得更好且为客户留存更多服务有了可能。

另外，美团庞大的线下BD铁军和丰富的用户及商家数据也让美团成为"最懂商户痛点"的企业。对于商户来说，这些可以帮助他们实现新店的快速拓张，并依靠大数据进行精准预测和经营管理，轻松实现整个店仓网络的管理和优化。

事实上，美团无人微仓的目的就是为了解决B端商户的痛点。美团闪购赋能部总经理肖昆表示："商超、生鲜等零售品类在线上线下融合的进程中，逐渐暴露出了很多需要处理的难题，商家在拣货环节的质量、效率和成本问题首当其冲。无人微仓的设计就是希望通过标准化、自动化的方式，解决零售业务目前面临的这些问题。"

虽然无人微仓从模拟模型到正式落地尚需要不断地探索和迭代，但是，它的推出显示了美团在零售行业不断发力的决心与实力。一个为零售商家提供全渠道、全链路的到家解决方案已经出炉，这让美团闪购的未来具有了更多可能性。

浙江电子商务促进会秘书长陈以军表示，美团做无人微仓是它多年来在行业的经验积累和技术积累集中爆发的体现，美团具有快速落地无人微仓的巨大优势，而这种模式迟早会如同扫码支付一样在行业普及，希望美团走得更稳一点。

8.5 淘宝上线"淘小铺"，左手供应链右手小B[1]

2019年5月22日，淘宝一键创业平台项目"淘小铺"开始公测，与其他社

---

[1] 小B，指B端创业者，业内简称"小B"。B端也叫2B（to Business），其服务对象是组织或企业。

交电商操作模式相同，用户开通淘小铺需要一个邀请码，获得邀请码开通淘小铺后，用户便可自由进行货品的选择，分享商品售出后即可获得相应比例的收益，无需承担发货和售后。在整个流程中，淘小铺掌柜只要负责分享商品和体验推荐，淘小铺的供货商需要负责发货和承担售后工作。

如图8-1所示，淘小铺APP页面包含"今日限量""品牌折扣""今日爆卖""限时折扣""热销榜"等板块，当前主要覆盖的品类包括食品、母婴、美妆、服饰等。在显示商品定价的同时，每件商品分享出去并完成购买后可获得一笔收益，收益金额也标注在一旁。

图8-1　淘小铺APP界面

图8-2　淘小铺推荐人任务

从销售后的收益比例来看，大多介于商品定价的8%~20%。例如，售出一款售价29.9元的洗涤液，可赚取的收益为8.97元，一款知名品牌奶粉活动限时售价179元，售出后用户可获取约18元的收益。据了解，这些佣金全部由提供商品的商家来承担。

如图8-2所示,淘小铺设置了限时活动——推荐人任务。淘小铺掌柜可分享自己的邀请码给被推荐人,被推荐人凭邀请码入驻后即开启任务,而推荐人可将自己收藏的货品分享给对方,被推荐人自购任意商品即代表任务达成。任务达成后,推荐人可获得平台额外奖励。同时,被推荐人等级达到L3"资深掌柜"时,任务将结束。

淘宝用户产品平台事业部总监千城(化名)表示,淘小铺并不是想做社交电商,而是在电商货品运营能力重组的时候,淘小铺希望让更多的生态角色加入,让更多的普通创业者能够加入,一起完善整个淘系现有的生态。

因此,与其他社交电商不同的是,用户开通淘小铺不需要缴纳会员费。同时,淘小铺是一个纯粹的商品分享、销售平台,除了销售商品获得佣金以外,没有多级分销功能,也不靠拉人头,而这个推荐人任务也只是个临时的。

淘小铺运营负责人、淘宝用户产品平台事业部资深专家讯飞(化名)表示,淘宝的7亿多用户中,活跃着大量爱分享、喜欢参与评论或"买家秀"的消费者,他们热衷于发现并向好友分享淘宝上的好物。同时,淘宝平台每天也涌现出大量新开店卖家,积极寻求商品触达消费者的途径。

淘小铺公测的首批邀约对象,就是活跃消费者和新开店卖家,该群体将作为种子用户体验"一键创业"。事实上,早前淘宝已经拥有一个类似分享属性的产品——淘宝客。但淘宝用户产品平台事业部总监千城认为淘小铺与淘宝客有本质的不同。

千城表示,淘宝客是线上零售商再往上一步的推广方案,他推广的是如何赋能这些线上的零售渠道。淘小铺是新的社会化分工,打破了原有的节点,不是赋能零售商、渠道商的再推广,而是让每个人本身成为渠道。淘小铺的上线,一边将用高质量的供给赋能普通个人"一键创业",让供给和经营变得更加简单;一边将降低供应链企业经营成本,影响更多消费者。

讯飞在介绍淘小铺上线初衷时表示:"随着手机的应用和普及,越来越多普通人的粉丝运营能力和种草能力被激发出来,再普通的人对商品都会有独到的见解,我们希望通过更简单的模式,赋能供应和销售两端。货源方不需要太强的电商运营能力,他要做的是精选优质商品。而分享型消费者,对商品有很好的使用心得,淘小铺的出现能最大限度地激发他的个人价值。"

在商品选择上,淘小铺的商品具备"三高一低"的特点:高毛利、高复购、高认知度和低尝试门槛,主要类目包括食品、美妆个护、母婴、服饰等。千城表示,淘小铺将打造一个专属供货中心,将供应链企业的优质商品纳入商品池之中,供淘小铺掌柜挑选。截至目前已有超过400家品牌、1000家供应商加入淘小铺的货品池之中。

此外,淘小铺将结合消费者需求和淘小铺掌柜的实际销售情况,给供应链企业以确定性的反馈,包括产品预期销量、产品口碑等,帮助供应链企业提前做好生产决策和产品线优化。同时,提供从仓储物流到内容服务的多方面赋能,让企业主以更低的成本、更快的速度进入电商市场。

据淘小铺负责人公开数据显示,淘小铺上线半年来已经拥有近百万名掌柜,通过掌柜自运营的方式,平台达到了过亿元的成交额,GMV月环比增速在300%以上。

8.6 天猫旗舰店升级,全面开启2.0升级计划

2019年6月25日,天猫宣布"旗舰店2.0升级计划":将通过工具和产品的升级,帮助品牌商家更好地运营,以持续获得高速增长。"双十一"之前,"旗舰店2.0升级计划"将面向全部天猫品牌商家开放。

天猫总裁蒋凡表示,希望旗舰店成为品牌和商家最先进的生产工具。同时,蒋凡在发布会上公布了2019年天猫618核心数据:实物支付GMV同比增长38.5%,手机淘宝DAU同比增长29%。

(1) 天猫旗舰店2.0版本

所谓"天猫旗舰店升级计划",指的是商家将围绕线上线下多场景运营、

会员运营、粉丝运营、分人群精细化运营、自运营产品矩阵升级等多方面展开，从而大幅提升商家通过旗舰店运营消费者的能力和效率。这意味着消费者熟悉的天猫旗舰店要大变样了。

首先，天猫旗舰店会变得更智能。众所周知，目前手淘和天猫APP都在不断实践和完善"千人千面"的特点，不同消费者登陆后看到的首页内容均为"私人订制"。不久之后，当每个消费者进入同一家天猫旗舰店，页面也会"因人而异"。具体来说，第一，升级后的天猫旗舰店会陈列你最需要、最喜欢的商品，免去主动搜索的麻烦；第二，商品的内容形式会更对你的胃口，也就是说，若你是视频党，那接收到的多为短视频；第三，无论你是粉丝还是会员，专属于你的店铺优惠、新品预约等权益服务都会出现在店铺首页，无需费心寻找。

其次，天猫旗舰店会让购物的过程更好玩。消费者在天猫旗舰店里产生的所有行为，如浏览、加购商品、收货后写评论、晒买家秀等都可以累计成积分，从而不断提升等级、享受更多权益。而像天猫"618主会场"中"叠猫猫瓜分红包"这样引发广泛参与的趣味游戏，以后也可能在天猫旗舰店中重现。

另外，有了3D、AR、AI等黑科技的加持，消费者逛天猫旗舰店就能像逛线下店一样，体验到"所见即所得"。

比如当你打开一家美妆品牌的天猫旗舰店，心仪某一色号的口红却担心上色效果时，可以尝试AR虚拟试妆功能，实时看到这支口红是否衬自己的肤色。除了口红之外，你还可以试妆眼影、睫毛膏、眼线，不断完善的效果，其逼真度也将可以媲美线下专柜。

又比如，你进入一家家具品牌的天猫旗舰店后，看到的是各类家具单品以及多种家居场景的平面效果图。未来，你能看到一整套房子的智能3D实景图与视频，宛若身处样板间。你可以像玩游戏一般为这套房子更换家具的款式、颜色，以及调整家具的摆放位置。

不仅如此，天猫旗舰店能让购物更为便捷。天猫平台津贴、品牌旗舰店的满减优惠等,都会集中出现在商品详情页,并由智能算法直接算出享受最大优惠后的商品价格。这样,消费者再也不用四处收集、研究计算各类优惠券的使用方法。

最后,天猫旗舰店2.0还会让消费者的购物体验更加丰富。如图8-3所示,当你进入升级后的ZARA官方旗舰店,能看到当季主打新品、精选专区、上新专区等个性化界面。

图8-3　ZARA官方旗舰店

(2) 从流量经营到消费者运营

我们回溯天猫品牌旗舰店的演进,从2008年天猫前身淘宝商城诞生至今的,天猫旗舰店先后经历了四个阶段。

第一阶段始于2008年淘宝商城成立前后。在这个流量集中在PC端的时代,淘宝作为最大的电商平台,集聚了最多的商家和消费者。当时,淘宝商城推出旗舰店运营工具,店铺的展现以基础图文为主,淘宝商城提供店铺"装修"模板,商家则可以围绕货品来做简单的图文视觉表达。同时通过消费热力图等工具,商家能更好地运营店铺货品。2013年起，淘宝天猫转型移动互联网。通过"all in 无线"战略，天猫商家也随之从之前的PC端运营主阵地往无线端转移。

2014年到2017年期间的第二阶段，天猫商家店铺的运营彻底完成无线化转型，进入全新阶段。当时，2017年"双十一"的无线端成交率超过90%。

第三个阶段始于2018年。在4G普及和流量资费较大幅下降的背景下，天猫旗舰店增加了短视频、动画、直播等多媒体运营模块，店铺运营从纯平面媒体转变为富媒体。同时，出现了以买家秀为核心的轻社区，品牌围绕货品也有了更丰富多维的运营空间。

业内人士曾指出，每一次旗舰店升级，天猫都是"造风者"，也帮助一众国内外品牌商家相继在线上市场崛起。同时，回顾这三个阶段，核心都是通过工具和产品更好地运营流量，即围绕如何更好地"让货找人"来开展运营。这与商业世界和流量模式的变化紧密相关。随着近两年新零售成为大势所趋，天猫也早早通过与良品铺子、惠氏、小猪班纳等商家的合作，成功对线下门店进行了不同程度的数字化改造。

"但这远远不够。"商业平台事业部总经理齐俊生指出，随着获客成本的增加和用户留存难度的提升，现阶段品牌商家急需进入"以消费者运营为核心"的时代。相应地，电商平台也需要思考如何通过互联网的技术产品和数据能力，帮助平台商家围绕消费者来开展运营，提升运营效率。因此，"旗舰店2.0升级计划"明确了要帮助商家从对"货"的运营全面转向对"人"的运营的目标。

为了最大程度释放生产力，"旗舰店2.0升级计划"将开放天猫旗舰店底层生态，给予ISV（独立软件服务商）足够的空间为商家提供个性化的服务。简言之，家居、美妆、服饰、消费电子、汽车等垂直行业的商家，可以通过ISV提供的技术服务，深度挖掘和定制旗舰店面向消费者展现的场景。这也意味着天猫旗舰店的开放，从之前的展现层拓展到了互动层和应用层。

我们以对场景体验需求最迫切的家居行业为例，旗舰店升级后，商家将能通过ISV提供的3D、AR等技术重塑消费者导购链路。消费者进入商家线上店铺后，可在3D样板间参观，并体验自由组合家具，最终选出自己喜欢的家居方案，下单购买。线上店铺提供的消费体验，可能与线下同样"真实"且比线下更为"智能"。

当然，旗舰店生态的全面开放，也将催生出更多商家与消费者连接的新模式，带来全新的商业机会。

2020年3月15日相关数据显示，"双十一"期间参加"旗舰店2.0升级计划"的店铺平均增长超350%，整体转化率提高35%。

8.7 每日优鲜与腾讯合作，计划2021年达千亿规模

2019年6月13日，每日优鲜宣布与腾讯智慧零售达成战略合作。在发布会现场，每日优鲜创始人徐正宣布"智鲜千亿计划"，如图8-4所示。在腾讯智慧零售的助力下，目标在2021年达到1000亿元体量。

图8-4 "智鲜千亿计划"

徐正表示，用户的代际变迁，是零售最原始、最强大的驱动力。他认为，

到2025年，中国互联网80后、90后用户将占总用户数的一半，00后也将跑步入场，40后50后银发族出局。到2021年，生鲜到家市场规模将达到10000亿元。

徐正告诉媒体，要实现这些目标，每日优鲜主要做三件事：①智慧营销：会员体系，社交裂变，精准推荐；②智慧物流：最优选址，配送优化，无人仓储；③智慧供应链：供需算法，安全追溯。

笔者从现场获悉，每日优鲜的前置仓选址已经实现数字化支持，配送小哥每天可以配送60~80单，处于同行业较高水平。

发布会现场，每日优鲜还带来了前置仓的2.0版本。在每日优鲜2.0版本的前置仓我们看到，仓内区分冷藏、冷冻、常温、餐食、小红杯、活鲜等区域，用以存放不同SKU产品。

与之前的1.0版本相比，2.0版本的前置仓新增餐食、小红杯和现宰杀活区域，SKU从1000个增加到3000个，仓均面积从100~150平方米增加到300~500平方米。

前置仓一直被认为是每日优鲜模式中的核心竞争力。如今，每日优鲜已在全国拥有超1500个前置仓，覆盖近20个城市。同时，据了解，每日优鲜的3.0版本前置仓已经在开始实验，3.0版本将实现无人化操作。

每日优鲜合伙人兼CFO王珺表示，相比于1.0前置仓，2.0版前置仓由于面积增加，SKU数增长，订单量有了大量增长，日订单峰值2000单，年坪效可达到10万~12万元/平方米，为传统线下门店的5~6倍。每日优鲜300平方米的前置仓实现过去2000平方米超市的销售额，而且损耗率控制在1%，库存周转时间为两天。

8.8 年销售480万单，雪莲果+电商"拼"出新模式

2019年6月14日，在上海、云南两地政府部门的指导下，拼多多创新扶贫助农模式"多多农园"第二站落户云南文山。

文山是雪莲果的主产区之一，一度成为农民发财致富的希望。雪莲果被引入云南后种植面积逐年扩大，在相当长的一段时间内，盲目扩种雪莲果的同时，农民并没有拓展出更多的市场来消化产量，以至于价格大跌，甚至卖不出去，烂在地里无人问津，随后种植面积也逐年萎缩。

近年来，随着都市白领对自身健康管理的关注，富含低聚果糖和酚酸，具有肠道调节、免疫力调节、降血脂、减肥和保养皮肤等保健功能的雪莲果，在拼多多为代表的电商平台的带动下，风靡一二线城市。仅2018年，拼多多平台销售的雪莲果就超过了480万单、超过3600万斤，占整个雪莲果销售市场的20%，直接带动云南地区雪莲果种植面积突破9万亩。

然而，原始的种植方式缺乏标准化体系，导致雪莲果整体质量不稳定，废果率高、抵御极端气候和病虫害能力不足。同时，没有组织的零散种植，也导致果农在议价时处于弱势。

据云南省农业科学院经济作物研究所研究员李文昌介绍，2018年雪莲果在各大电商平台销售价格以4元/千克居多，而地头的收购价仅仅为0.5元/千克，除去代办费0.1元/千克，物流成本1元/千克，耗材、人工0.6元/千克，经销商利润在1.8元/千克左右。2018年市场上的雪莲果卖火了，但农民在整个产业链条中获益仍是最少的。

因此，如何将本地雪莲果产业形成标准化作业，并增强当地农户的议价能力成了主要问题。

为实现有利于农户的利益分配格局，2019年，拼多多在农货战略的基础上进一步推出扶贫兴农创新战略的"多多农园"，深入探索精准扶贫和乡村振兴的衔接机制，解决农业和农产区的存量问题。通过"多多农园"，拼多多将实现消费端"最后一公里"和原产地"最初一公里"直连，探索农业产业新模式，通过"新农商机制"让农户成为全产业链的利益主体。

"新农商机制"是以档卡户为集合的合作社为主体，建立农货上行和品牌培育的新模式。在该模式中，拼多多提供资金、技术和渠道支持，大规模培育本土青年成为"新农人"带头人，后者按合约持有分红权限，剩余利益全部归属档卡户。

档卡户将无偿成为新农商公司的"股东"，并享有一系列优先条款：新农商公司需优先收购成员村民的农产品，成员则可以任意选择销售对象；公司的所有运营利润都面向集体新农商分红，确保其在收购款的基础上，有更多额外收益，不再局限于"面朝黄土背朝天"的收入；随着公司规模扩大，将逐渐覆盖更多农产品和农副产品，"股东"始终保有均等分红的权利。

通过新农商机制，拼多多将重点探索如何让农人变农商，让农村有现代化企业。只有让农户成为产销加工一体化的主体，才能实现人才乡土化、产业持久化、利益农户化。

对此，中国人民大学农业与农村发展学院副院长仇焕广教授表示："雪莲果的兴起印证了农业增量市场的潜力，而'多多农园'的相关实践，则为中国农业的探索提出了新的方向。"事实上，雪莲果只是新电商模式中一个案例。

相关数据显示，2018年，创立3年的拼多多实现农（副）产品订单总额653亿元，成为中国最大的农产品网络零售平台之一。期间，平台累积诞生13款销售过百万单的冠军农货单品和超过600款销量10万元以上的爆款农货单品，开拓了包括雪莲果、百香果在内的全新市场。

"我们将雪莲果主动呈现在系统判定的潜在消费人群面前，通过消费者'拼单'的方式迅速扩大需求量，从而带动产业实现快速增长。"该项目知情人表示，"拼多多对于新电商模式的开发仍处于初级阶段，我们相信，随着时间的推移，平台将推动上游孵化一大批典型案例。"

第 9 章

新零售对话：
大佬们和他们的零售思维

商场如战场一般风云诡谲，前一秒还在搅弄风云的两位电商大佬，下一秒他们就开始签署战略合作协议。新零售行业从线上线下对抗开始逐步走向线上线下融合的道路，那究竟是什么样的行业态势促进了这一局面的形成？让我们一起走近零售，了解大佬们的零售思维。

9.1 京东集团副总裁赵英明：确定与不确定的零售

京东集团副总裁赵英明围绕他加入京东一年后的所看、所想、所知，发表了主题为"确定与不确定的零售"的演讲，讲述了他认为的中国零售的未来五年。

赵英明认为，如今的零售正处于不断变化中，而这个变化来自于技术和商品的变革。未来零售将无处不在、无所不有、无所不联、无缝切换，空间边界开始消失，场变成了场景，货变成了商品、服务、数据、内容等一切的集合，成了消费者需求的解决方案，而不再是商品本身；产业的边界也开始消失，人将在供应商、平台商的帮助下，变得越来越具有个性化与多元化。

（1）三个思考

第一，互联网的上半场是一个跑马圈地的时代，由技术来主导业务，理工男颠覆了零售，我们确实被打得晕头转向。2012年，阿里巴巴"双十一"的191亿元的销售，一下子把我们所有人都打得昏头转向。因为2012年整个王府井集团的零售总额也没有过200亿元，人家一天就做到了一个集团一年的生意。

到了2017年、2018年，线下的零售人开始笃定起来，因为零售已经发生了变化。越来越多的线下零售人走进了线上企业，未来的零售将是一个"天网地合"的时代。

2014年，阿里开始和银泰合作，京东入股永辉。线上企业通过自己的方式触达线下，来整体推动这一场"天网地合"的变革。

第二个，零售没那么复杂，零售就是三件事——人的逻辑、货的逻辑、营销的逻辑。当然其中的每一个词都可以变，但大概的意思不变。

过去零售只有两个维度，要么从人的方向入手，要么从货入手。就像现在线上的两个企业走的刚好是不同的路径，阿里走的是人的路径，京东是货的逻辑。

随着互联网技术的推动,一个新逻辑出现了,我把它叫作营销的逻辑。过去营销是附着在人和货的逻辑上,但是拼多多把它变成了一个专门的生意,实际上打开了一扇新的窗户。

第三,零售的两次裂变。第一次裂变是在2012年线下的人、货、场变成了线上或线下。2017年,随着微信从一个交流工具变成了一个操作系统,零售产生了第二次裂变——微商和电商。

到了今天,整个零售是由人、货、场三个维度构成的,作为品牌商,你需要考虑到底如何把握这三个维度。

(2) 市场发生的变化

如今,此消费者已经不是彼消费者,此渠道已经不再是彼渠道,此商品已经不再是彼商品。

① "此消费者不再是彼消费"。消费者发生了太多太多的变化,消费主体和消费意识都发生了转换。服饰品牌商都表示要吸引更多的年轻人,要变得更潮流。因为消费者中有8000万的95后,3.3亿的80后、90后,2.2亿的70后,还有3.8亿1970年以前出生的群体(以上为2018年数据)。

刚才我们看的是年龄层,如果从收入来看,又有了一些新变化。过去的40年,在改革开放的推动下,每个人都对未来有非常好的憧憬和预期,而消费都取决于他对明天的预期,所以当预计到明天可以有更好收入的时候,那么消费就不是问题。

② "此商品非彼商品"。过去的消费者是以品质为标识的。70后消费者不再注重原材料,而注重品牌。到我女儿这一代,她对品牌没有什么概念了,但是她的每一件衣服必须经过她的挑选,符合她自己的生活态度。所以,消费者对商品的认知正在发生变化。

当消费者对商品的认知发生变化的时候,我们势必要对商品进行调整,于是Supreme大行其道,一个诞生二十多年的品牌,就干掉了一个诞生100多年的老牌劲敌，在此文创作当天，Supreme的估值比AbercrombieFitch还要高。从Supreme到OFF-WHITE，到GENTLE MONSTER，再到THOM BROWNE，商品不再是简单的商品。那么，我们如何打造自己商品的认知？

③ "此渠道非彼渠道"。渠道确实在发生着越来越多的变化。2012年当线下的零售企业受到线上的巨大冲击时，我们在线上做了好多事情，但两者结合得如何呢？

长沙的"文和友"是一家4000平方米的网红小龙虾餐厅，每天下午5点钟才开始营业，营业到凌晨3点。每个座位的翻台大概是6~8次，单个消费者的客均价大概在120~150元，每天的入店客流是5000~8000人，它的日均销售额可以做到80万~100万元。这样一个小龙虾餐厅的年营业额可以做到2.5亿元，一年拥有6000万~7000万元的净利润。

在他们的组织构成中，有一个非常有趣的设计。他们的组织分成三个，一个叫头脑，一个叫细胞，一叫手脚。每一个名词的背后都带着他们对组织的不同情况的理解。在他们的组织中有一个族群叫"演员"，里面大概有60个大妈，打麻将、理发的都是演员。当消费者进入餐厅时，这些大妈会非常热情地召唤你说，过来呀，打两盘啊。

我给它起了一个名字叫作沉浸式餐饮，每一个消费者都是演员中的一份子。所以今天的零售在体验方面，尤其是加入了80后跟90后的脑洞，让我们的感触完全不同。

（3）京东的文化氛围

在京东有一组员工墙，每一个员工入职的时候都要写一个心愿牌挂在墙上，我想升职、我想加薪、我想结婚、我想找到一个最帅的男朋友，写什么都可以。五年以后会把员工带回到这个地方，来看一看自己的初心。所以，整个互联网企业在组织、文化方面的塑造真的和以往截然不同，他们变得更为鲜活、更愿意去倾听每一个员工内心的声音。

有刚进入京东的员工觉得京东真好，没人管我，上班不用打卡，我要出差不需要跟哪一个老板请假,我按照我自己的想法去做事。但是京东有非常强大的《京东人事与组织效率铁律十四条》,据说14条铁律是刘强东用心写出来的。这些铁律已深深地植入了每一个京东人的脑海。

举一个例子,其中"333原则"就是:决策性的汇报不准超过3页PPT,因为如果不能浓缩在3页PPT中说明的问题,证明你还没有思考清楚。

会议不能超过30分钟:在京东每一个会议室都会有一个小闹钟,进去开会的时候就要拍一下这个闹钟,直接就是30分钟,30分钟以后铃声响了,你该出去了,下一个会议要开始了。

同一个层级的决策不能在一个层级讨论超过3次:当你这个团队两次没有解决好这个问题,第3次你必须上交给上一层组织,因为你已经解决不了这个问题。

今天的每一个企业都需要有一个战略聚焦,决定聚集在哪里,然后要有一个持续的战略投入,坚定地沿着目标向前努力进发。只有这样,企业才能够在这样一个不确定的市场中,找到自己确定的战略突破。

9.2 银泰商业CEO陈晓东:新零售要做到"三通"

联商网特别策划了"新零售十三邀"❶,邀请国内当时最具新零售基础、前瞻的企业CEO代表,谈他们的新零售认识、企业实践、未来计划,以最简洁、快速的方式拼出一副中国新零售蓝图和样本,共同致力于推动行业的进步。以下是银泰商业CEO陈晓东的看法。

我觉得新零售的方向应该是线下与线上零售深度结合,打通物流系统,利用供应商系统及商品系统,再加上大数据等创新技术。

---

❶ "新零售十三邀"是2016年的活动,嘉宾的主要观点是2016年发表的,希望读者在几年后再回顾这些内容,结合当下新零售的发展,看看相关企业发展如何,一些预测是否在现在得到实现。

我们要做的就是三通：商品通、服务通、会员通。

商品通： 我们要打通商品、品牌商线上线下的障碍。百货的SKU数超过一般超市大卖场一个数量级，品牌商众多，所以这是一个任重道远的工程。商品通让消费者和品牌之间的互动和体验变得更加一致，消费者第一次不用再去管我到底要到线上还是线下哪个地方下单，消费者只需要关心我要不要买这个品牌的商品。

服务通： 我们要打通商品和服务的障碍，降低顾客对商品售后服务的不确定性的迟疑。让每一个商品和其包含的售后服务在一起，无论是在线上还是门店购买，顾客都不再有顾虑。

会员通： 我们要打通各个平台的会员体系。所有平台会员享受一样的待遇，会员在这个平台可以用，在那个地方也是一样的。无论是门店还是线上，都将会员制度运营起来。

关于这三点，我们现在已经做了很多，有喵街、喵货、喵客、西选、西有全球好店等产品和服务。

喵街以会员为关键着眼点，让会员可链接、可识别、可运营、可增量。喵货是商场的专柜，商品通过电子化上传到银泰网进行销售，帮助门店解决营业时间和物理空间的限制，突破门店覆盖范围的局限，实现一店商品全国销售。喵客是以导购服务为基础链接商品、品牌商、渠道商及顾客的服务平台，银泰6万名导购均可以通过喵客专业地为顾客提供多渠道的服务。

西选是银泰打造的全渠道、场景化的精品超市品牌。西有全球好店则在国内创新性地提出"一站直购全球买手店"的时尚电商模式，让消费者通过各种方式逛遍世界各地顶级的商业街区、买到各类时尚尖货。

中国零售现在仍处于黄金时代，而真正新零售还是要回归零售的本质。因此，我觉得未来的零售本质应该是做到"好东西不贵"。

同款商品我们的价格比别人便宜，让大家能够接受。而要做到这个就需要缩短供应链，寻找更高级的代理商，减少中间环节。

零售行业经过多年发展，仍是树形的批发零售结构，有很多参与者和复杂的利益格局，很多时候，触及利益比触及灵魂还难。改变总是需要勇气的，而我们有自我打翻的勇气。

2016年9月，银泰商业在旗下门店率先实施"好东西不贵"战略，数十个知名品牌率先加入。在2019年云栖大会上，银泰百货提出了新的战略：一是打造1000个坪效翻番的品牌，二是推出100个年销千万元的新零售商品。

9.3 大商集团总裁刘思军：新零售要重塑消费者心智

联商网特别策划"新零售十三邀"，以下为大商集团总裁刘思军的看法。

首先，新零售不是实体零售简单补短板的问题。其次，新零售也不是网购，更不是做互联网金融。新零售首先要解决的问题是重塑消费者心智；其次是要重新定位核心消费需求，不是客群，而是未来的核心消费需求要怎么解决；最后是要重新组织商品，创造服务，实现一种新的消费路径。

（1）要重塑消费者心智

现在的零售分为线上零售和线下零售两块。就目前的情况来看，明显是纯线上的渠道更好，因为线上零售是从仓库发货，而不是在商业地产这种高房租的线下门店里面对消费者。另外，线上渠道基本上就是属于厂商直供，而不是像线下这种有一层一层代理商。

我们现在说要重塑消费者心智，其实还是要说你到底是要塑什么心智，就是简单的价格、成本这样一直往下走吗？其实不然，还要根据目前的消费现象。

第一个现象，以京东为例，目前很多人不太相信开放平台的京东，相反大家更相信京东的自营产品，因为自营有品质保障。

第二个现象，就是说现在的很多厂商包括品牌商，开始在网络渠道做一些子品牌、子系列，因为不愿意丢掉这种新的客群。

第三个现象，就是凡客和小米，一直是把低价做到极致来教育消费者，但

业绩倍增：新零售网店与实体店营销策略

是现在其实他们很难受，如果说凡客的衬衫是低收入人群穿的衬衫，白领就不会买了；小米总说自己低价，但是现在手机已经变化了，手机到现在不是一种使用工具了，而是可以像手表一样成为讲究品位、品质的东西了。

这种消费现象决定了未来的新零售消费者要去建立这样的心智。

第一，从实体零售来讲，要继续顺应网购渠道说的廉价、便宜。

第二，其实要厂商重新思考一个品牌定位和价值，在不同的渠道去做不同的事情。同时，你要产品区别化、品牌区别化，而不是自己打自己，这样对品牌没有好处。所以，未来的新零售就是你要朝向不同的渠道，厂商要有自己的品牌定位和价值。

第三，未来的新零售一定是取消代理商、自销直营、扁平化供应链，这是未来的趋势。以全渠道模式为例，我们能在线下售卖，也能在家里订购，这叫作全生命周期。未来的新零售就是基于这种商品的全生命周期，实现全面销售，满足顾客的不同需求。而不是说你这种新零售的渠道只能卖新品，不能卖尾货。

第四，就是要加快建立新消费速记的使用和消费者的连接，和用户发生高频的互动，也许他不一定高频地买，但是一定要高频地互动、参与。

（2）新零售要满足四部分需求

对于新零售来说，你要抓住核心客群的消费需求，新零售要满足以下这四部分需求。

第一，对于传统消费需求习惯的用户，依然还要提供传统消费服务，这是一种社会责任，有些人就愿意去实体店买鸡蛋，就愿意去老的百货商场买一些衣服，甚至有一些维修的便利的需求。新零售一定要继续提供这种产品和服务，不能把它们抛弃了。

第二，对于品质消费需求用户，需要提供一种个性化、尊贵的感觉和便利的服务。对这些人来说，价格不是他们最主要考虑的因素，他们要求的是个性化的服务、尊贵的感觉、便利的服务，给他们想不到的惊喜。

第三，对于基本消费需求用户。收入不高的消费群体也得买东西，这时需要给他们提供折扣和尾货的服务。

第四，对于一些潜在的消费用户，就是现在买不起或者不买，但是你可以给他提供对品牌认知的互动，或者常规是买不起的，但是可以通过互动尝试使用下这个品牌，所以这是一个新需求的定位。

（3）重新组织商品，创造服务，重塑消费路径

现在的商品已经不是全部来自原来大家认为的传统品牌了，有很多进口的商品、新涌现的网络品牌，还有很多甚至来自买手店，这些都应该纳入新零售这个大范畴里面来，而不是固守着原来这些传统品牌。

我们新零售未来的专柜还是那么大面积吗？还是固定的边厅中岛的模式吗？有没有别的陈列方式呢？比如说你要根据你的诉求做一些改变，这些都要求改变固有思维，其中包括我们的排队收银、开纸质小票，这些全部要电子化，全要用手机可以搞定，通过云货架、虚拟货架解决折扣货少、现场缺货缺码的问题，这样就不存在什么缺货缺码，现场没有我马上给你调货，马上给你送到家。

也就是说，把复杂度放在后面，全方位地满足顾客的需求，组织好商品、货源，这个是云货架的概念，即通过后端的协调去满足用户的需求。云货架一定要推，否则还是代理商各自为战。

最后，新零售一定要变革，里面一定是有实体、有虚拟。其中实体的可以在现场创造出很多让消费者有逛街意愿和感兴趣的东西。总之，新零售就是要给零售创造新的优势和新的能力。

（4）三个核心能力

第一，连接用户。因为原来的传统零售也好，电商也好，全部和用户连接不紧密，所以，我们未来是通过手机移动端跟消费者连接，让我们的零售服务人员和消费者建立全天候24小时的紧密联系，让消费者和我们互动。

第二，加大数据搜集及运营力度。你要懂消费者，你得知道消费者是谁，

这些人干过什么？对什么感兴趣？我们要给他贴标签，这个是新零售具有的天然优势。面对面的接触、标签、速记、互动的轨迹就是我们后台的一个精准营销的引擎，通过它来创造与消费者的交互和面对面的服务。

第三，新的零售都要有利润来支撑，不能无条件地去提供服务、对外亏损。这是一项双赢的事务，所以和现在相比，新零售里面会增量销售。

其实，新零售最核心的本质是你能不能对消费者负责任，这个负责任包括几个方面：价格上能不能负全责、服务能不能负全责、售后能不能负全责。

9.4 苏宁易购总裁侯恩龙：电商新零售下半场看自营

你做得越多，后面的质疑可能就越多，这一点苏宁应该深有体会。苏宁曾经是一家纯粹的传统家电连锁零售企业，后来上线苏宁易购，继而又上线超市、小店，开放物流，做体育、直播，参加并创造各种购物节，更是传言要做汽车超市，他每一个小动作总会招来非议，甚至有人声称，"新项目活不了多久就会倒闭。"

苏宁在自己所进入的领域其实做得并不差。截至2019年，苏宁是中国第一大家电零售连锁企业，线上业务也位居国内前五。

2019年苏宁易购商品销售规模为3796.73亿元，营业收入2703.15亿元，相比上年同期增长10.35%，实现归母净利润110.16亿元。"双十一"期间，苏宁全渠道订单量增长76%，苏宁物流发货完成率达99.6%，新增Super会员超过百万，移动支付笔数同比增长139%。

苏宁易购总裁侯恩龙接受联商网采访时，谈了谈苏宁的变化和背后原因。（以下内容摘自采访记录，有删改和整理）

（1）苏宁造节

苏宁自创购物节"418"，它的初衷是希望把它打造成上半年家电的"双十一",2016年干得还不错,线上线下两个渠道加在一起增长287%。2018年"418",苏宁易购全渠道同比增206%。到2019年的"418",苏宁一改往日作风,线上线下以爆款为主导活动,引爆全渠道。

当问到苏宁为什么要在"418"之后再创造一个中国品牌日,侯恩龙回答:"我本人还有一些爱国主义的情怀,觉得中国知名品牌还是要好好折腾一下。当听到中国品牌日的建议,就说赶紧搞,这对弘扬中国民族品牌有非常好的作用。为了做中国品牌日,我们把宝洁等大品牌都推掉了。"

除了上半年的"418、510、618",苏宁在下半年还参战"818、双十一、双十二",苏宁频频参与并造节。侯恩龙耐心解释说:"其原因很简单,我感觉北方比南方热得早,西北、东北、华北很热,但是像华东、西南、华南都不热。空调有时反常,以前我们在东北是很少卖空调的,东北一个大区一年卖两千万元,现在一个月就可以卖两千万元;华北地区,像山西这些地方空调不怎么卖,现在的空调销量基本上翻了五倍。电商江湖就如同天气,也是潮起潮落,今天你热,明天他热,造节也是这样。"

(2)电商下半场

随着新零售对电商的冲击力度加大,在侯恩龙看来,电商将会呈现以下几种趋势:纯电商已死,流量成本是越来越高了,但质量在下降,自营这一条线一定会成为未来电商的主流。高价值或者中高端的产品在线上卖不动,纯电商没有线下零售基因,很多线下的活动基本以失败告终。

至于自营电商为什么会胜出,主要有这三个理由。一是线上都是卖单价、低客单、纯走量的产品,实际上这种产品同质化现象非常严重,也很难做。二是我们也很难让消费者喜欢哪一家网站或者喜欢哪一个平台。同时,因为假货,消费者常常对平台电商的商品质量存疑。

在品质消费时代,自营能解决两大痛点:第一,是不是正品,最关键的是放心;第二,消费者有事就找你,不会跟产品商扯来扯去。

原来业内都说平台是电商基本的标配,其实现在才发现都在从平台向自营转变，只不过程度不同，做的速度、时间都不太一样。天猫也在慢慢向自营靠近，可能方式不太一样。

面对这种转变和趋势，苏宁的战略是产品向上和渠道向下。

产品向上，就是让消费者当产品经理，找消费者需要的产品，类似于网易严选。侯恩龙表示："我们要做自营，自己做产品的采购，自己做服务，自己来'玩'。"

渠道向下，就是线上线下融合的问题，这也是苏宁未来打败纯电商的关键。我们总结了八个字：大店更大，小店更专。大店更大，不停增加体验以及互动和场景化的东西；小店如苏宁小店、易购镇店，走专业化的道路。

（3）物流快递下半场

侯恩龙担任苏宁物流总裁，面对电商的变化，他首先做的是怎么样降低人的成本，其次是考虑增加存储的能力，降低仓储租金。所有这些做法都需要依赖具体的标准和计划，不能光靠一个概念。因此，苏宁需要想方设法把真正意义上的行业标准制定出来，让所有工具成为真正做物流的载体和手段。

客观来讲，同行物流前几年运作得不错，宣传得也很好，主推一个"快"字。前几年因为它们物流快，所以赢得了这个市场。但是随着时间的推移，消费者的需求发生了变化，现在消费者更希望的是你准时送达。

苏宁想着的是消费者的痛点，做一些有温度的产品和服务。在采访中，侯恩龙认为："我们做有温度的东西，这是苏宁跟它们不一样的地方。苏宁吃亏在不会讲，人家随便一个概念满天飞舞，我们嘴巴讲干都没有人信，没有亮点是很吃亏的。"

侯恩龙进一步解释，"苏宁推出的如约送就是有温度的服务。"至于这项服务的初衷则是来自朋友们的建议。他们说，快递员送货到家，但是家里一般没有人，无法及时收取快递。他们建议，苏宁可以按照消费者的时间来约定送货时间。

苏宁如约送的初衷就是这么朴素和带着关怀，如约送可以按照消费者的约定时间准时送达。侯恩龙继续说:"我跟很多消费者沟通,他们希望下班后一小时左右送到家里,另外把家电送到家里的时候能不能1~2小时之内就装上。"于是苏宁听取了消费者意见,提出了"送装同步",实现了消费者的愿望。苏宁提出的"送装同步"指的就是家电配送和装机在两个小时之内几乎可以同步,苏宁将会继续推动这项服务,使之成为家电产品的标配。

(4)被质疑和非议的苏宁

当问到侯总如何看待苏宁受到的非议时,侯恩龙坦然地说:"这几年,行业里面对苏宁的非议和质疑挺多的,但我们始终坚持苏宁固有的正确战略方向,尽管可能慢一些,可能重一些,甚至别人看起来可能笨一些,但是没有关系,因为这是你自己真正核心的能力。苏宁人是厚积薄发的,也许大家会笑。以前比我们大的企业多得是,比我们大的企业说三个月把我们灭掉的多得是,但是现在苏宁活得也很好,尽管经常被非议和质疑。我觉得还是要坚持一些自己的道路,这非常重要。"

9.5 易果生鲜金光磊:
告别生鲜电商,做新零售赋能者

在纯电商必死的新零售时代,不少电商纷纷裁员保命,易果生鲜这家元老级别的生鲜电商却在2016年拿到了行业最大融资,并完成36亿元的GMV,每天单量突破10万。2018年底至2019年初,易果生鲜与盒马鲜生深化合作,将易果生鲜之前负责的天猫超市生鲜运营业务交给了盒马鲜生,自己则利用供应链优势,专注于B2B业务。

然而,在取得良好成绩的同时,易果却异常低调,媒体鲜有报道。易果生鲜联合创始人金光磊在易果总部接受采访时表示:"易果已经不仅仅是生鲜电商,而是具有生鲜供应链背景的公司。在新零售趋势下,易果会利用自己在生鲜供应链上的优势，为行业提供生鲜解决方案。"

（1）生鲜是新零售的"桥头堡"

生鲜电商也曾站在巨大的风口，后来各方资本创业者纷纷进入，一番热闹过后所剩无几。在金光磊看来，生鲜电商最重要的是生鲜，而不是模式。生鲜品类是高频、刚需，市场巨大，但也具有标准化低、对冷链要求高的特点。过去大多数的生鲜电商创业者都太过于注重模式，抓日活跃用户、用户量，而忽略了生鲜。

金光磊始终认为要做好生鲜业务，光有一张电商的皮是不够的，还要触达生鲜及其供应链。据了解，生鲜产品中每一种水果、蔬菜、肉制品存储所需要的温度和包装都有严格要求，而这些需要完善的基础设施来支撑，所以易果在成立之初便做了冷链配送——安鲜达。与一般配送将货物A送达B不同，安鲜达在将A送到B的过程中还要保证货物质量。目前，安鲜达是中国冷链细分领域规模最大、妥投率最高的物流公司。

在生鲜上游领域，易果也在与一亩田深度合作，促进上游产业链成长。此外，易果正通过一系列的措施，促进生鲜商品的品牌化和标准化。

易果在冷链和供应链上的优势，是十多年的经验积累和每天数十万单的业务"刺激"出来的。顺丰为了打造生鲜冷链及供应链，曾入局做顺丰优选。但即便是顺丰，数年时间内生鲜行业的物流及供应链仍未磨合出来。

金光磊表示，新零售趋势下，易果会利用自己在冷链和生鲜供应链上的优势，向全行业"赋能"。如果将零售业比作是"后花园"，那么生鲜品类就是"桥头堡"。生鲜商品高频、刚需、规模大的特点，对于线上和线下都能起到非常好的引流和增强用户黏性的作用。而易果，则要做生鲜行业的解决方案提供商。

（2）易果新零售已在布局

易果在生鲜行业坚持十多年已是不易，取得36亿元的GMV更是难得。但金光磊表示："易果还在布局阶段,在新零售的背景下,生鲜行业将会以数字化为核心,而中国生鲜的基础设施还很差,布局仍将继续。"

当然,布局是个烧钱的活。金光磊介绍,易果在安鲜达的投资主要在品控、多温层储存、配送三个方面。对安鲜达的布局,要根据易果的业务走,要开拓的市场必须达到易果的目标。目前,安鲜达的每个仓使用率是50%～70%,但随着易果的业务增长,剩余的储存仓很快会被消耗掉。

在电商业务上,同时获得阿里、苏宁投资的易果生鲜,截至2017年初,拥有天猫超市、苏宁生鲜频道、官网及淘宝便利店（2016年8月,阿里投资闪电购,随后手机淘宝首页的正中间,开辟了"淘宝便利店"入口,其运营者便是闪电购）这四大线上入口。

除了闪电购以外,苏宁2019年重推的"苏宁小店"也是易果的合作伙伴。另外,2016年12月,易果入股联华;2017年2月阿里、百联牵手,百联旗下的便利店和生鲜超市给易果提供了很大运营空间。2017年8月,易果生鲜完成天猫3亿美元D轮投资。据联商网数据分析,截至2019年1月,易果生鲜日订单数超5万单,成交金额突破1000万元。

同时,易果开始布局具有新零售特征的O2O,用数据来支撑中小门店的选品,并给中小门店提供物流配送、IT系统、市场营销、支付、包装、客服等服务。

对于上游供应端来说,拥有庞大线上线下入口的易果生鲜,掌握着全国最大最全的生鲜用户需求和相应数据,通过海量用户需求去对接上游供应链,建立完善的生鲜商品标准,这些似乎不是难事。

9.6 五星电器副总裁景星：下一个五年专注为本，创新为魂

五星电器副总裁以"专注为本,创新为魂"为主题,在联商风云会上讲述了五星电器过去的20年：虽然股权变化不断,但是一直坚持并专注于家电零

售、企业稳健发展、持续增长和盈利。

面对零售下一个五年的莫测变化,他表示,当子弹飞的时候,你要做的事情是什么?就地卧倒,抓住时机。未来五年风云莫测,企业关注不变比关注变要更重要。同时,在无界零售的时代一定要靠创新去驱动增长。下面是五星电器副总裁景星的演讲概要。

五星电器这20年不仅见证了整个中国零售的风起云涌,自己在股权上也有很多次的变革,在整个家电零售或者整个中国商业连锁之中都是一个比较特殊的案例。五星电器从国家机关转制成民营企业,再到百思买收购之后成为合资企业、独资企业,再到回归民营企业。

没有哪个企业经历过这么多的"折腾",并且经过了这么多的"折腾"之后,五星一直在默默成长,这也是奇迹。过去20年,我们每一年都在赚钱,2017年五星电器在中国连锁百强名单中排第34名,这些经历让我们完全有信心迎接下一个五年、十年、二十年。

(1)股权一波三折,危机中迎增长

五星的每一次股权变更,都从危机中迎来了新的机会与增长。五星前身是江苏省五交化总公司,做空调批发起家。1998年,我们意识到零售市场机会比批发更多,便成立了一个新品牌五星电器。从品牌成立开始,我们的企业价值观、企业文化就已经明确了——核心始终未变。我们的愿景是"提升生活品质,创造社会价值"。

我们的价值观始终是"客户第一,当责,创新和坦诚"。做了三年空调零售之后发现空调季节性太强,就切入了综合家电卖场。2001年在南京开设了第一家大卖场,带动我们第二次腾飞。做这个卖场的时候就明确做家电零售,核心竞争力要来自于价格和服务,要把每一分利从房租、广告中扣出来,体现到每一件商品的价格上,让利给消费者。这样我们就和竞争对手走出了不同的路,也牢牢抓住了零售的核心——商品、价格、服务,还有终端体验和门店的便利性。

2005年,五星电器开启了全国扩张,打造了中国家电零售第一支自有销售团队——家电顾问,门店数量也达到了100家。那时,我们遇到了第一次困境:发展快了,需要更多资金。我们想去香港上市,但是由于政策原因被叫停,后来才有了2006年与百思买的合作。

2006年,百思买收购五星电器51%股份。借助与百思买的合资,2006~2009年,五星电器充分学习融合中西方零售经验和技术,实现了中国家电零售行业许多的第一:践行顾客中心,引入有偿延长保修,自有品牌,真机开放体验等。2009~2014年,百思买全资控股了五星电器。在百思买控股的这五年,五星电器成为百思买全球除北美外唯一有盈利和正增长的业务单元。随着百思买收缩全球战略,2015年浙江佳源收购五星电器全部股权,五星又回归民营,加速发展,并在三年内新开门店130家,每一年销售增长都达到了20%~30%。

(2)坚持四个"不变"屹立常青

回望过去,五星电器为什么经过了那么多的风雨依然屹立?原因有四:

① **重视企业文化**。五星核心的愿景、价值观从来没有动摇过。虽然外资进来或者是民营老板进来会有所调整,但是坚定做电器零售、坚定四点价值观一直未变。

② **专注**。20年里诱惑非常多,包括房地产、商超便利等我们都没有做,一直专注在家电零售上。专注能够让你走得更远。日本的百年企业非常多,因为他们往往专注于一件事。

③ **极致**。用工匠精神打造我们零售的核心竞争力,包括商品、价格、服务、体验到门店的便利性。

④ **创新**。专注家电零售行业,但是一定要把它做得更细、更新,不断融入新的东西。

(3)下一个五年

首先,在未来经济环境有不确定性的时候,我们要更稳健地发展。我们不会进入太多新区域，而是把我们核心的、已经"染蓝"的五星现有市场做稳。2015年我们开了20多家新店，2016年是40多家，2018年是60家，2019年是20多家。重点是把已经开出的店进一步"挖潜"做好。

其次，门店模式多元化满足分级消费。五星电器目前有5种门店模式来面对不同的消费者、不同的物业结构、不同层级的市场。BIG BLUE蓝色旗舰店是最标准的大店模式，这种店是全品类，重视体验，开在一二线市场核心商圈；MALL店是2000平方米以内的小型精品店，以坪效为核心，主要开在商业中心，组货要能抓住购物综合体中的随机客流；无界零售体验店是和京东一起合作的，因为全渠道依然是实体零售要去面对的一个新的课题。

第三，加速全渠道数字化转型。线上流量目前基本被京东、阿里系等头部流量占据，目前看来实体企业通过发力顾客端去抢占线上销售是困难的。因此，五星走了一条差异化的全渠道路径：一方面，我们积极和京东等头部流量平台合作，去他们的平台开设旗舰店，从实体店区域扩大到全国销售；另一方面，自建数字化渠道，从实体店最具差异化优势的员工及合作伙伴入手。

我们已经通过员圈、圈立方和五星享购，分别实现员工数字化、合作伙伴数字化及顾客数字化，形成了一个铁三角的闭环。以员圈来说，将员工变为一个个移动店铺，补充门店未销售的商品和能覆盖的配送区域，项目上线半年即为门店带来了7万人次客流和近9亿元销售；另一个合作伙伴数字化工具——圈立方，通过佣金分成的方式发展外部合伙人作为销售力量，在2018年9月到国庆整个黄金月期间，圈立方的销售占比超过了5%。

第四，以家电为核心及起点实现"家场景"产业链整合。我们一直专注于家电销售，但如果还是卖冰箱、洗衣机是没有太多增长空间的，所以，我们开始整合家装、电器、家居和到家服务这一条产业链，且已经有了很多成功的做法。向上，通过五星舒适家，我们提前进入中央空调、暖通等领域，目前已经开设了近百家店中店，年销售额突破5亿元；发展家居品牌星格玛，柔化了整个家电卖场，也成为我们MALL店吸引随机客流的一个核心抓手；发展到家服务，包括家电深度清洗、家居环境监测及治理等。目前年销售额已经达到1.5

亿元，帮五星电器在维系顾客和提升顾客满意度上起到了非常积极的作用。未来三年，我们希望在服务业务上的收入能达到10亿元。

以上是五星电器在当下及未来要做的几点。当危机来的时候，当整个行业在飘摇的时候我觉得我们把这几件事情做好就足够了。

"爱无限，造无界"这六个字是我们五星20周年庆给自己的一个主题定义。因为我们的职责和使命就是要关爱消费者，帮助他们提高生活品质。无界零售的时代一定要靠创新去驱动增长，我们会坚守我们的本业家电零售，但是我们也会仰望星空去做关联延展，在专注这件事情上面把工匠精神做到极致，做到最好，这样才会拥有我们的核心价值。

9.7 盒马鲜生创始人兼CEO侯毅：现在的盒马鲜生只有70分

你变得越多，面对的质疑就越多。

对于这句话，侯毅应该深有感触。侯毅一手创立的盒马鲜生刚开始被认为是一家可以送外卖的生鲜超市，后来它变成了一家"餐饮+大海鲜+外送"的超市，它还进入便利店市场，想做购物中心，做前置仓，做平价蔬菜、小海鲜……它想要做的太多了，以至于你很难描述出盒马鲜生到底是一家什么样的超市。

每隔一段时间，就会有人唱衰盒马鲜生，说它坚持不了多久。多数人认为，盒马之所以能够坚持，主要是阿里的雄厚资金作后盾。然而，我们发现侯毅并不惧怕非议与质疑。从2016年1月15日盒马鲜生第一家店开业至今，盒马依旧在，门店数量依旧在增长。事实上，整个盒马体现的是侯毅风格，盒马鲜生与侯毅似乎已经成为一个不可分割的整体。用他的话说，盒马每一次变动都是发现问题后的及时调整和对行业的超前预判，未来的盒马应该是包罗万象的。

2019年，侯毅接受了联商网专访。通过这次采访我们发现，盒马创立至今，经历了隐忍、万众追随、质疑三个阶段，侯毅本人也从最初的张扬变得更加低调稳重，但依旧冲劲十足。

（1）谈新零售：你做不成是你没本事

新零售火热狂奔两年后，侯毅依然不唱衰新零售，他认为新零售风头没有走下坡路，只要盒马能够做成功，新零售就是成功的，盒马即将有大量的门店开始盈利。而其他企业之所以难以成功，是因为他们学习盒马，学的不是核心而只是模式。侯毅举例说："他们学习我们用大海缸，一夜之间海缸到处都是，还有我们使用的电子价签，现在成了新零售标配。"

当笔者问及盒马还是亏损状态时，侯毅淡定地回答："盒马财务一两年内将会逐步走向健康。"在阿里巴巴内部，盒马鲜生的定位是新零售的探索者，侯毅说："在阿里内部，我们从来不用亏损这两个字，我们认为这是投资，对创新要有投入。"

（2）谈失败与经验：哪怕你想的再好，也要在实践的过程中不断地迭代

在2019年的亚布力论坛上，侯毅提出盒马2019年的重点是要精细化运营，外界认为舍命狂奔了三年的盒马本身出现的一些问题，开始要调整策略了。但侯毅不认为这是调整，这是盒马鲜生发现了问题，需要更好的方法去解决，但并不代表盒马原来的方法有问题，而是原来的方法完整性可能不太好。侯毅补充说："原来的方法如果有大问题的话，盒马不会走到今天。"

原来的方法确实有它的局限性，盒马刚开始的方法是适用于上海的核心城区，对生活要求比较高的人很喜欢盒马，这些地区的门店做得很好，那时盒马并没有做很大的改变。但是现在的盒马走到了外地，例如南通等三线城市，那盒马的价格还是偏高了一点。所以，盒马需要去研究适合当地老百姓需求的价格体系和商品。

侯毅举例说："今后每个地方的店是不一样的，在要求各个分公司自己提供改革方案。盒马鲜生之前卖大海鲜,后来我们发现大海鲜老百姓可能不太喜欢,那我们就开始改变,不再主要卖大海鲜了,开始卖小龙虾、梭子蟹、上海大闸蟹。"

在盒马餐饮业绩占比中,CBD店和offic店餐饮依然很重要,但到了社区店就不重要了。侯毅解释向笔者解释:"现在试试看,有可能下一代我们又开始做了,现在是尝试阶段。因为我们要做几千家店,所以现在需要充分尝试,到底什么样的商圈用什么样类型的门店最合适。等后面我们快速复制这些门店的时候,就说明我们有方法了。"

(3)谈扩张:要做不同的市场不同的店

盒马2019年还是会快速扩张,但会针对不同的市场开不同的店,比如盒马鲜生和盒马菜市是两种定位,店都是一样的店,只不过商品结构发生了一定的变化。此外,盒马还要做盒马小站,它具备部分前置仓功能,但是又融合了我们很多门店的特色。前置仓的优点是开店速度快,投入低,更贴近社区,所以对盒马来讲,如果今天盒马快速覆盖,用盒马小站是最好的方法。

当问到侯毅个人是否认同前置仓模式时,侯毅表示在现阶段前置仓是一个有效的方法,可以帮助盒马快速覆盖城市。盒马小站跟盒马鲜生比,它最大的问题是商品太少,一个小站大概有2000个SKU,商品主要是生鲜,以满足周围顾客买菜为主。如果盒马鲜生开在它的旁边,它就没有希望。现在这些所谓的买菜系,都是通过完全低于市场的价格来经营市场。可是,一旦恢复正常销售价格,就会给销售带来巨大的影响。

(4)谈关店:没人能保证一次就能成功

盒马之前开的店因为位置原因可能生意不好,如果现在调整了生意还是不好,会不会关店?当笔者谈及这一点时,侯毅说:"完全有可能关店。做零售业没人能保证一次就能成功,一蹴而就,这不可能。"

在开店方面,盒马跟大润发不一样,大润发开店是慎之又慎,盒马是舍命狂奔，有店就开，肯定会出现开过头的现象。盒马相对应的调整策略是开过头就调整，与其长期亏损，不如关店。盒马是一个与时俱进的品牌，它最大的本事就是商业嗅觉超前，一看不行就马上掉头，行的话就坚持。

虽然2018年下半年盒马出现了很多负面消息，发展过程中出现了问题，但是侯毅很乐观，他说："有问题我们努力去改变。所以，2019年我们内部工作重点就是企业文化建设，抓员工长期的绩效制度、晋升制度、激励制度，让员工在盒马能够成长，我们希望未来盒马的高管全部是盒马自己体系内晋升的。只有员工有归属感，才能服务好企业。"

（5）谈盒马：现在只有70分

笔者问侯毅现在的盒马要打分的话，能给几分。侯毅回答："现在的盒马在我心目中估计能打70分。"从这句回答里我们可以知道，侯总对盒马寄予了很大的期望，它在侯毅心中充满了无限的想象，是一家可以满足人们对美好生活向往的公司。盒马不会把自己预先设想好了未来以什么样的状态在做，而是边做边改。侯毅补充道："我从来没说，我讲过的话能管一辈子，今年讲错了，明年再改。有可能我们今天讲过的事情，过两天就会被推翻。市场在变化，你肯定也要跟着变化。"

9.8 苏宁云商副董事长孙为民：新零售就是互联网时代的零售

零售业是一个非常古老的行业，只要存在生产分工和商品交换，零售业就仍将存在。几千年来零售业一直随着生产方式、运输工具、通信技术和货币形式发生变化，今天讲的新零售也许过不了多久又成为旧零售了，与其讲是新零售，还不如讲是互联网时代的零售。

近年来苏宁一直在探索"＋互联网"和"互联网＋"的行业实践，就是要创建互联网时代的零售模式。其中，互联网零售在中国的发展经历了两个阶段。

阶段一：PC互联。20世纪90年代末到2010年左右进入PC互联网普及阶段，与之相应的是电子商务的异军突起。PC互联网所孕育的B2C电子商务，与实体零售是水火不容的渠道纷争，过去是，今后还将是如此。

阶段二：移动互联。2010年以后，移动互联网逐渐进入普及阶段，这时除了出现PC端购物向移动端购物迁徙以外，还出现了移动互联网和实体零售的贯通和交互，有人称之为O2O，也有人称之为线下互联网，孙为民的理解：这是一个场景互联网时代的到来。进入移动互联网时代，渠道和场景融为一体，体现为场景互联网。在移动互联网时代，已经没有游离在互联网之外的纯实体零售了，差异是实体零售业务的在线程度有所不同。

苏宁的互联网零售实践探索，不仅在中国是第一个吃螃蟹的人，在世界零售业里也是率先走出迷宫的大型零售企业。苏宁在推进互联网零售过程中，聚焦商品和顾客，围绕零售的三大要素：物流、信息流、资金流，全面推进商务电子化发展过程。

从2009年到现在，我们一共经历了新渠道建设、多渠道融合和线下互联网这三个阶段。

新渠道建设：我们首先是"＋渠道"，2009年8月上线"苏宁易购"，推出B2C网购门户，在实体连锁渠道之外再造互联网渠道。

多渠道融合：当苏宁新建的电商渠道和已有的店商渠道经过几年的内部竞争之后，充分认识到电商与店商的各自优劣势，苏宁全力推进多渠道融合，实现从商品到顾客、前台到后台、支付到流程的全面贯通融合。多渠道统一共享一个后台——商品的统一采购、线上线下的统一价格，真正实现多渠道融合。

线下互联网：移动互联网普及之后，我们大力推进线下场景的互联网变革，对线下场景进行互联网式格式化。比如，苏宁云店就是苏宁线下店面互联网的落地产品。

未来苏宁互联网零售的蓝图，我觉得可以用这几个关键词来概括：平台开放、资源共享和业态创新。

开放平台： 所谓平台开放或者说前台开放，是指我们线上线下两大平台的开放，既包括苏宁实体店面的开放，也包括电子商务平台的开放。我们通过平台开放建立自主流量的线上线下购物门户。

资源共享： 前台开放的前提和基础是后台资源的共享，这个资源共享主要包括后台数据、物流和金融的全面共享，通过这三块核心资源的共享真正达到企业资源的社会化利用。

业态创新： 未来的业态创新主要有三个方向：一是品类聚焦，通过优化供应链，向消费者提供个性化品质商品；二是渠道创新，从丰富商品到丰富体验、从贴近消费到贴近服务，体验和便利是未来渠道创新的标准；三是社交运营，零售业务的全过程与用户实现互动。我们可以预见，互联网零售还处在发展的萌芽阶段，随着物联网、人工智能、虚拟现实等技术的不断发展，应用成本不断下降，互联网零售必将呈现色彩斑斓的发展态势。

第 10 章

零售大事件：
那些影响行业格局的变化

在零售大变革的时代背景下，零售企业之间的合纵连横已进入白热化阶段，阿里与苏宁达成战略合作，京东与五星电器达成合作。其中，阿里与京东的"二龙之争"，苏宁与五星、国美的"三足鼎立"等零售行业的格局变化，都是本章所讲的主要内容。

10.1 国美电器为了新零售要改名成"国美零售"

2017年5月15日晚间,国美电器发布公告称,公司拟将中文名由"国美电器控股有限公司"更名为"国美零售控股有限公司",并同步修改英文名称。

关于改名原因,国美电器称,在消费升级及消费新常态背景下,线上线下融合已是大势所趋,国美也在积极努力探索新零售模式。未来,国美将由"电器零售商"转变成为以"家"为主导的方案服务商和提供商,以拥抱新零售时代,为此国美决定改名。

国美董事会认为,更改公司名称将能更恰当地反映国美目前的业务重点,以及未来的发展方向。

值得一提的是,在国美更名消息出来前,黄光裕旗下的上市平台三联商社发布的最新公告显示,公司拟更名为"国美通讯",这就相当于提前在A股插上了"国美"的旗帜。

毫无疑问,"新零售"时代,在消费结构升级的背景下,线上线下融合成为大趋势,实体店的价值被更多人提及并思考,而国美有覆盖428个城市的1600多家实体门店。因此,国美早就在积极努力探索新零售模式,从2017年开始全面落实新零售。国美互联网CEO方巍表示,新零售时代下,线上线下的融合、社交娱乐与购物融合的场景化革命,以及体验优化升级的购物全链路服务将成为重点。

近几年,国美零售经营战略调整动作不断,先是社交电商产品——"国美美店"正式上线,后又宣布"家·生活"战略两大新业务正式投入运营,同时与华为在5G领域也开展了合作……

大张旗鼓谋求转型后,国美零售的业绩仍旧不温不火。国美零售2019年年中报告显示,2019年上半年,国美零售实现收入343.33亿元,同比下滑1.07%。归属于母公司拥有者应占亏损约为3.8亿元,较去年同期4.57亿元的亏损缩窄。国美2017~2019年净利润变化如图10-1所示。

图10-1 2017~2019年国美净利润变化

10.2 京东与五星电器战略合作,让行业站队再加码

在零售变革的大背景下,零售企业合纵连横开始进入高潮。2017年12月11日,京东与五星电器宣布达成战略合作。

战略合作达成后,双方将在线上、线下、物流售后、供应链及开拓新领域五个方面开展合作。

① 五星电器将入驻京东线上平台开设官方旗舰店,五星旗舰店将由五星电器挑选团队专职运营。

② 双方共同开设大型实体旗舰店。双方将在重点城市开设能提供全景沉浸式体验的超大型"京东家电体验店",体验店将完全覆盖以家电为核心的家庭消费,摒弃传统以厂家导购推销为主的卖货模式。闫小兵表示,京东家电体验店将率先在一线城市试点推出,之后推广至全国,最终实现"一城一店"。

③ 双方将在供应链方面展开合作。一方面五星电器线下型号全部上线京东，另一方面京东具有优势的大量小家电和3C数码产品将全面反哺五星电器的线下渠道。

④ 物流技术的合作。京东将全面开放自身在商品供应链、物流仓储、技术和金融方面的能力，促进五星电器互联网转型，帮助五星电器打造智慧供应链。

⑤ 携手强攻新市场。潘一清表示，增加自营店发展计划，并试点以五星电器和京东双品牌方式进入新区域开设实体店。五星电器将拿出优质资源进行试点，在现有的五星集家和BIG BLUE蓝色旗舰店模式基础上投资打造五星无界零售门店。该类型的店将会以五星电器形象为主，同时店内外融入京东元素。双方磨合完毕后，扩张全国。

自线上线下融合成为业内共识以来，零售企业的合纵连横渐成趋势，在2017年达到高潮。以家电3C起家的京东，如今成为线上最大的自营电商平台，此次与五星电器合作是继与沃尔玛、永辉合作后，在实体零售的又一布局。

在笔者看来，这次合作可以从京东的线下布局、五星电器的线上突破和阿里系的对抗上解释。

（1）京东的布局

线下是未来零售必争之地，京东在线下的布局中与沃尔玛、永辉的合作，以及新通路的便利店计划等都是在快消品及生鲜领域的动作，而其老本行家电在线下尚无可靠盟友。

在体量上： 五星电器是国内第三大家电连锁零售商，旗下拥有"五星电器""五星集家""五星舒适家""星格玛""五星到家"5种业态，超过250家直营店以及220余家乡镇加盟店、700多万会员、7000多名员工，拥有完整的线下家电连锁解决方案，2017年销售额达到180亿元人民币，名列2016年中国连锁百强第43名。五星电器在家电行业的地位让京东不容忽视。合作后与五星电器合作开实体店，京东将会少走很多弯路。

在物流配送上： 五星电器拥有1300余辆运输车，以及1个CDC（中心配送中心）库、21个DC（配送中心）库，仓储面积超20万平方米，配送覆盖6省48市137县的"最后一公里"，尤其在江苏全省实现村乡配送到户。此外，其库存准确率大于99.9%，配送商品残损发生占比小于0.3%，客户综合满意率大于98.3%。五星电器在家电物流上的能力将会加强京东在区域内的配送掌控力。

在售后服务上： 五星电器以空调批发零售起家，有超过600家服务网点、5000多名服务人员、年安装维修空调服务量100余万台。目前拥有空调全品牌（大金、三菱电机除外）安装、维修、退换机能力，彩电全品牌安装能力，五星自有品牌洗衣机和冰箱安装、维修、退换机能力。同时，五星电器拓展到家服务业务，提供家电深度清洗保养服务和家居检测处理甲醛服务等。与五星电器合作有助于提高京东在大家电上的服务响应速度和顾客满意度。

因此，在苏宁成为阿里系成员、国美掌权人尚未回归的情况下，行业排名第三的五星电器可以说是京东完善线下家电布局的不错选择。

（2）五星电器的突破

对于五星电器来说，这次合作将会是一次新的突破。在线上线下融合的大浪潮下，五星电器迫切需要"触网"，而与京东合作对五星来说将是一次重大突破。

五星电器自建电商平台"五星享购"上线，但运营多年效果并不理想，再加大投入，成功的可能性也不大，而寻求成熟的第三方合作将是一条捷径。现有成熟的电商平台只有阿里、京东，因为苏宁的原因，与阿里合作已经不可能，与京东合作可谓是水到渠成。

在线上： 五星电器将在京东开设官方旗舰店，获得稳定的线上流量入口，这将改变五星电器长期以来局限于江苏、安徽两地的现状，有助于其影响力走向全国。

在物流及售后方面： 京东以物流能力强大著称，五星电器可以借此获得全国商品配送及售后能力，利用京东遍布全国的物流和仓库将商品售卖全国。

在供应链上：五星电器与京东在一些品类上互相融合互补。同时，可以利用双方合二为一的市场占有率，联合谈判获得更大的商品采购话语权。

（3）对抗阿里系的需要

谈到家电连锁，就绕不开阿里系的苏宁。从南京起家的苏宁，在江苏的号召力巨大，同时苏宁还是国内线上线下均有一定影响力的家电零售商。截至2017年9月30日，苏宁合计拥有各类自营店面3748家，2017年前三季度营收达1318.82亿元。无论对线上的京东还是线下的五星电器来说，均是强大的竞争对手。

五星电器起源江苏，其门店密集布点在江苏、浙江和安徽一带。其中在江苏网点已覆盖到镇，在安徽覆盖到县。数据显示，五星电器在苏皖地区市场份额名列前茅，特别是高端化品牌和型号销售能力在华东首屈一指，是在苏皖市场唯一能与苏宁抗衡的家电零售商，在苏北苏中部分地区，五星的市场份额甚至能超越苏宁。

此次双方合作后，对京东来说，可以通过五星电器使自己的影响力直达苏宁腹部；对五星电器来说，也是引来了强大的后援，缓解独自抵抗苏宁的压力。

闫小兵表示，此次合作双方并未涉及股权，事实上双方在成立新公司、股权合作等方面都做过设想，但是双方都想先从目前自己能做的着手，未来想象空间很大。

随后，双方合作快速推进。2018年3月五星电器京东旗舰店开业，5月双方联合打造的体验店首店在洛阳开业。当然这还不够，2019年4月17日晚间，京东集团签署了投资江苏五星电器有限公司的正式协议。京东以12.7亿元的价格从五星电器现有股东佳源创盛控股集团有限公司购买五星电器46%的股权。此后，五星电器对外称呼变为京东五星电器。

截至2019年底，京东五星电器全年业绩增长10%，无界零售体验店已经开出80家，五星电器原有门店也将逐步升级为无界零售体验店。

10.3 苏宁易购出资48亿元收购家乐福中国80%股份

家乐福中国的未来终于有着落了。

2019年6月23日下午,苏宁易购发布公告称,苏宁易购集团股份有限公司全资子公司Suning International Group Co. Limited("苏宁国际")与Carrefour Nederland B.V.及Carrefour S.A.("家乐福集团")签订"股份购买协议",苏宁国际向转让方以现金48亿元人民币等值欧元收购Carrefour China Holdings N.V("家乐福中国")80%股份。

本次交易完成后,苏宁易购将成为家乐福中国控股股东,家乐福集团持股比例降至20%。苏宁易购表示,将进一步完善家乐福全场景、全品类布局,增强在大快消品类的市场竞争力,为用户带来更场景化、更有价值的购物体验。

(1)估值60亿

家乐福中国于1995年正式进入中国市场,是最早一批在中国开展业务的外资零售企业,主营大型综合超市业务。截至2019年3月,家乐福中国在国内拥有约3000万会员,开设有210家大型综合超市、24家便利店以及6大仓储配送中心,店面总建筑面积超过400万平方米,覆盖22个省份及51个大中型城市。

此番交易显示,家乐福中国的估值为60亿元人民币,这个价格较其2018年末归属于母公司所有者权益 -19.27亿元有较大幅度的增值。公告认为,家乐福中国账面净资产为负的主要原因为近年来线下零售业态受到互联网的冲击,家乐福中国虽然积极应对,但仍带来了阶段性的经营亏损。

(2)坎坷出售路

事实上,随着大卖场业态的衰落,家乐福出售中国业务早有传闻,而中国有资格的各方势力也在激烈角逐。

2017年12月，*Capital*杂志未注明消息来源的报道称，家乐福首席执行官Alexandre Bompard已聘请三家投行研究剥离中国、阿根廷和波兰业务的方案。

2018年1月18日消息，家乐福正在研究出售在中国的业务，家乐福提议将中国业务出售给欧尚、阿里巴巴。随后，联商网第一时间向家乐福求证，家乐福中国对此消息予以否认。

2018年1月24日，家乐福中国宣布：家乐福与腾讯在华达成战略合作协议，家乐福已与腾讯和永辉就对家乐福中国进行潜在投资签署投资意向书。家乐福方面强调："本项投资完成后，家乐福仍将是家乐福中国最大股东。"

2019年4月，家乐福中国宣布与国美正式达成战略合作，并且表示双方针对资本等层面的合作"都在谈"，下一步或将在资本层面展开合作。

2019年5月初，彭博援引消息人士称，家乐福正在考虑通过出售中国公司股权，以步不少同行业后尘，做退出中国市场的打算。消息人士称，法国巨头已经接触顾问公司，寻求10亿美元价格出售中国业务，不过最终决定尚未做出，亦有可能仅仅出售部分股权，甚至并不急于出手。传闻曝出后，家乐福发言人迅速辟谣，称出售中国业务并不在公司议程。

2019年6月23日，家乐福中国终于落入苏宁易购之手。

（3）苏宁快消跨越发展

苏宁表示，在家乐福中国完成收购后，苏宁将实现在大快消类目的跨越式发展。2019年，苏宁快消集团厚积薄发，一方面加快建设海内外的供应链能力，另一方面搭建更贴近用户的购物场景。

在2019年的"618年中大促销"中，苏宁大快消品类订单量同比增长245%，成为所有品类中的大赢家。苏宁收购家乐福中国，可将后者专业的快消品运营经验以及供应链能力，与苏宁全场景零售模式、立体物流配送网络，以及强大的技术手段进行有机结合，完善在大快消品类的O2O布局，有利于降低采购和物流成本，提升市场竞争力与盈利能力。

苏宁通过输出智慧零售场景塑造能力，将家乐福门店进行全面的数字化改造，构筑线上线下融合的超市消费场景。苏宁线下超过6000家苏宁小店可与家乐福门店联合，完善"最后一公里"配送网络，提高到家模式的效率并节约物流成本。

同时，家乐福中国在一二级城市的核心位置拥有大量优质且稀缺的网点资源，苏宁家电家居、苏宁红孩子、苏宁极物、苏宁金融、苏鲜生生鲜超市、苏宁小店即时配送等丰富业务都可以与商超业态进行模块化对接，为消费者提供更丰富的商品选择、更场景化的购物体验及更便捷高效的服务体验，打造门店全新的核心竞争力。苏宁零售体系4亿会员及家乐福中国3000万忠实会员也将形成有效互补，丰富苏宁现有的会员生态，从而提升用户价值。

（4）国内最大的大卖场3C家电提供商

事实上，此番拿下家乐福，除了对苏宁大快消领域的助益以外，对于苏宁的传统项目家电也是如虎添翼。

2018年以来，苏宁易购家电板块一直在走与大卖场结合的模式。2018年6月21日，大润发与苏宁达成战略合作，大润发在中国所有门店家电3C专区由苏宁"代销"，当然也包括大润发未来新开的门店。双方合作也涉及供应链协同、业态融合、消费者服务等方面。截至2019年6月，大润发已在中国开设了408家门店。

2018年9月10日，北京苏宁易购与卜蜂莲花正式对外宣布，双方将围绕北京地区卜蜂莲花门店的家电3C专区进行深度合作经营。根据计划，2019年年底前北京苏宁易购将陆续完成北京地区所有卜蜂莲花门店的重装改造。此外，一行业人士表示，苏宁易购目前正与乐购超市谈在3C家电领域的合作。

如今，加上家乐福的门店，苏宁易购将成为国内最大的大卖场3C家电提供商。

（5）国美受伤

值得注意的是，随着苏宁易购接盘家乐福中国，受伤最重的是苏宁的老对头国美。

曾经盛传双方针对资本等层面的合作"都在谈",下一步或将在资本层面展开合作。今日苏宁夺得彩头,那么以两家关系看,国美前期进入家乐福的"店中店"模式恐怕要及时终止,而且会快速退出。

10.4 多点Dmall与中百集团战略合作,双方谋划大事

2017年11月23日,多点Dmall与中百集团在武汉签署战略合作。双方表示,多点Dmall和中百集团将会依托模式互补和资源共享,实现在供应链、仓储输流、线上配送、会员服务和商品管理等方面的合作,共同促进湖北地区零售业的发展。

自2017年11月1日起,多点Dmall跟中百集团在武汉地区已经有66家门店进行业务上线,其中5家门店上线了线上配送业务。截至11月20日,订单总量超过20万单,多点自由购平均单量占比突破10%。

在双方完成初步对接优化后,2017年年底双方会实现自由购功能覆盖中百集团的目标,其中包括仓储超市、便民超市等在内的全业务体系,线上配送服务覆盖武汉全市。线下店面也将实现全面的电子会员化和自助收银体系升级,扩展双方合作的广度和深度。

中百集团董事长张锦松表示,中百集团作为武汉大型零售企业,一直以来都非常注重运用科技手段助力企业变革转型。本次与多点Dmall合作,双方通过对商品一体化、物流一体化、仓储一体化、技术一体化、会员一体化、营销一体化等多个维度的打通,使中百连锁超市门店能够在新的发展和市场变化中快速适应新的消费趋势,吸引更多年轻人到店消费。

多点Dmall合伙人刘桂海表示,传统零售商有着大量的用户基础和完整的供应链体系,面对新的发展,需要做的更多的是"改革升级"。因此,多点Dmall一直采用的是联合线下零售商进行"双打"的发展模式。

刘桂海在现场表示,多点的"双打"模式指的是通过联合线下传统供应

商，利用互联网的技术方案和大数据应用，一方面强化传统零售业在区域覆盖、供应链消费者信任和面对面方面的优势，另一方面解决传统零售商在结账排队、商品升级、用户流失和电商冲击上的痛点。

张锦松表示，与多点的合作起源于物美（北京物美商业集团）。整体上看，传统零售在供应链优化和重构及配送环节上需要再下苦功夫。

据悉，中百集团属于中国零售连锁百强企业，旗下涉及百货、家电专卖店、仓储超市、便民超市、中百罗森便利店等多种业态的上千家门店，其在线下门店、供应链体系和仓储管理等方面有多年的经验和优势。

多点成立于2015年4月1日，是一家线上线下一体化全渠道新零售平台，覆盖生鲜、日用百货等日常消费品，并为用户提供秒付、自由购、会员打通、线上订单2小时配送等服务。易观千帆数据显示，多点在电商APP活跃用户规模上连续多次排名生鲜电商第一。多点方面也表示，在2017年"双十一"期间，北京物美创造了"双十一"销售=春节的好成绩。

刘桂海表示，多点会员系统与物美打通不到一年的时间里，已经使物美超市会员的平均年龄下降了3岁。同时，利用仓配售一体化系统积累的大数据，多点辅助物美对选品结构进行调整，将生鲜产品占比由原来的30%～40%增至50%，提高了店铺坪效。在多点与物美、新百、中百等7个商家合作覆盖的1210家门店中，核心门店平均电子会员占比已经达到83%。

事实上，之前多点一直在北京物美系发展。2017年4月多点开始走出北京，第一站选择杭州物美，8月1日在物美控股的宁夏银川新华百货上线。此次与中百合作是多点首次与非物美系的零售企业合作。

刘桂海表示，杭州物美和宁夏新华百货的尝试取得了显著的成果，其中新华百货上线仅15天，电子会员占比已经达到10%。这两个地方的成功给了多点走出去的巨大信心。

2019年1月11日，在多点Dmall的合作伙伴大会上，中百集团董事长张锦松表示，中百和多点合作一年多以来，在多次活动的战报当中一直遥遥领先，达到了合作之初预期的效果。双方合作不到5个月，中百的总体订单量相比去年同期增长213%，GMV接近1000万元。其中，线上O2O订单量达到8.7万单，增长更是接近19倍；在线下，多点自由购与自助购组成的智能购订单增长超1倍。张锦松强调，这些进一步坚定了中百跟多点合作的信心，下一步中百和多点还要深入对接和推进。

2019年7月，多点Dmall与中百联手打造的首家数字化标杆店武汉中百仓储常青店重装营业。中百60%以上的门店开通了多点APP线上业务，正在不断辐射更多小区，由"多点"第三方物流进行相应片区的配送，并且在不断增加货品种类。

与中百的合作成为多点向物美系以外商家扩展的标志。

10.5 美团点评王兴组建大零售事业部，聚焦生鲜零售

2017年11月30日，有消息称，美团点评内部正进行新一轮的架构调整，设立新到店事业群、新零售和打车事业群。对此消息，美团点评官方未予置评。

而今日，美团点评CEO王兴的一封内部信确认了该消息，并详细解释了公司新阶段的业务重点及全新的组织架构。

据悉，美团点评今后的业务将聚焦到店、到家、旅行、出行这四大LBS场景，升级前台业务体系，强化中后台支撑和保障能力，升级公司综合管理体系。

在内部信中，美团点评前台业务的升级包括以下几个方面。

① 原到店餐饮、餐饮生态、到店综合及智能支付业务，重组为新到店事业群，任命张川为新到店事业群总裁。

② 组建大零售事业群，统筹生鲜零售、外卖、配送、餐饮B2B等业务，任命王慧文为大零售事业群总裁。

③ 酒店旅游事业群由陈亮继续担任总裁。

④ 成立出行事业部，由王慧文负责。

⑤ 强化中后台支撑和保障能力，其中包括：任命黄海为点评平台负责人、广告平台负责人，与张川搭档，美团平台继续由陈亮负责；金融服务平台继续由穆荣均负责。

⑥ 技术工程及基础数据平台更名为基础研发平台，由罗道锋负责。

⑦ 成立战略与投资平台，由陈少晖负责。

⑧ 成立公司事务平台，由穆荣均负责。

⑨ 服务体验平台部继续由罗道锋分管，财务平台仍由叶树蘷负责，刘琳继续负责人力资源平台，并分管行政服务部。

美团大零售事业部组建后，美团加速了在零售领域的步伐。2018年5月美团生鲜超市小象生鲜首店开业，之前开业的掌鱼生鲜也更名为小象生鲜，2018年底小象生鲜达到6家。2019年，美团大零售事业部做出调整关闭小象生鲜的决定，其他门店只保留北京2家门店，并加大社区生鲜业态"美团买菜"的投入。截至2019年年末，美团买菜已经进入北京、上海、武汉、深圳等多个城市。

10.6 百度外卖更名"饿了么星选"瞄准高端餐饮外卖

饿了么收购百度外卖14个月后，双方的整合工作进入收尾阶段，阿里将口碑与饿了么合并宣布成立本地生活服务公司后的第三天，百度外卖迎来命运转变。

2018年10月15日，饿了么在北京召开饿了么星选战略发布会，宣布阿里旗下百度外卖正式更名为"饿了么星选"，原百度外卖App也变更为饿了么星选的新标识。

据了解，饿了么星选将是饿了么旗下严选商家和美食，秉持用户体验至上的高端外卖及生活服务平台。

饿了么星选将会以用心选美食为出发点，用大数据和严苛的标准甄选品质餐厅。基于此目标，饿了么星选以顾问级的选品能力从平台上200多万活跃商家中依据6个维度、5轮筛选、25项考量甄选"安心"又"好味"的美食。

首先是"安心"，星选商家的食材原料和商户环境将要经过8层审核。同时，"好味"也将从品牌价值及规模效应、权威认证、人气指数、服务与口碑等5个维度进行考核，远到原料采购品牌溯源，近到商户评价反馈，甚至是新闻报道中的内容，都会影响其评选分数。

最终综合得分前50%的饿了么商家可入围星选候选，综合得分前10%的商户将有机会成为印有星标的星选商户。

选定餐品，订单下达，饿了么星选小哥将会带着美食出发，星选商户将可以享受优先出餐、优先调度、7×24小时的准时达plus服务，更是有专属星选客服为用户保驾护航。

未来，外卖的场景甚至能实现定制，如生日派对上的精美蛋糕、公司会议时的茶歇点心、家庭晚宴上的美味佳肴，甚至婚礼现场的桌桌酒席和户外野营的海鲜烧烤，饿了么星选都可以提供极致的美食盛宴。

随着饿了么星选的发布，百度外卖正式退出历史舞台。资料显示，百度外卖诞生于2014年5月，定位于中高端白领市场。2017年8月24日，饿了么正式合并百度外卖，收购完成后，饿了么随即公布"双品牌战略"，即百度外卖主打高端市场仍保持独立运营，饿了么则瞄准中低端市场。

当时合并完成后，业务及架构层面的调整曾是这样：百度外卖零售渠道团队和医疗健康业务团队融合至集团新零售业务；百度外卖TPU和饿了么北京研发中心合并为北京技术中心；百度外卖财务、采购、预算管理、法务部门融合至集团财务部。

当时，饿了么还曾宣布原饿了么副总裁魏海出任百度外卖新CEO，负责百度外卖业务及双品牌战略落地工作。

饿了么星选的推出，也与阿里巴巴的本地生活战略吻合。阿里巴巴集团合伙人、阿里本地生活服务公司总裁、饿了么首席执行官王磊在发布会上表示，饿了么星选的推出既是饿了么整体战略升级的第一步，也是阿里本地生活服务战略升级的第一步。

近几年，本地生活服务市场增速迅猛，预计至2020年，中国的外卖消费将从3050亿元增长到8720亿元，而相比于实物零售、娱乐产品包括餐饮外卖在内的本地生活服务整体还在数字化、互联网化水平比较低的状态，这意味着其中存在巨大的发展空间。

面对庞大的份额，市场上玩家却只有阿里和美团两家，将来必定会有惨烈的一战。在本地生活服务的战役中，线下是一个重要场景。阿里选择饿了么，因为外卖是一个重要的线下流量入口，外卖拥有高频的支付场景。

被阿里收购的第二年，饿了么已全面融入阿里商业生态体系，"618"期间大润发超市已经出现饿了么骑手的身影，负责大润发超市外卖订单配送；从7月起，饿了么和阿里巴巴零售通合作，蜂鸟为遍布全国的天猫小店提供24小时即时配送。

随后，饿了么联手阿里健康，推出全天候极速社区送药服务。阿里与星巴克达成新零售全面战略合作，其中饿了么负责提供外卖配送服务；饿了么与蚂蚁金服入股的哈罗单车对接，武汉、无锡等城市的用户购买哈罗单车骑行卡，即可免费获得饿了么超级会员。

除了在会员体系、生活场景入口等消费者福利之外，饿了么在生态中的供应链、SAAS（Software as a Service，软件即服务）、数字营销、金融支持、蜂鸟配送等商家赋能和分钟级即时配送体系方面做了全面而扎实的提升。蜂鸟本地即时配送不仅是服务餐饮外卖，还是向阿里各路新零售纵队输出运力，服务阿里生态所有合作伙伴。

百度外卖变更为饿了么星选，标志着本地生活服务市场正式由"三强争霸"变为"二龙之争"。阿里通过对本地生活服务资源整合，全面形成合力，集中火力朝向美团点评。可以预见的是，双方在本地生活领域的鏖战不会太远。

10.7 苏宁与大润发联盟背后，是阿里系对标京东的阳谋

商业重大事件总是发生在晚上。2018年6月21日晚间，大润发与苏宁宣布，双方签署战略合作备忘录，将围绕中国所有大润发门店的家电3C专区，深入合作经营。

据了解，两家零售巨头此次战略合作采用联营模式。合作经营范围包括大润发目前在中国已有的393家门店和未来所有新店的家电3C业务。预计最快从2018年8月开始，此项战略合作将陆续落地。

高鑫零售方面确认，寻找具备雄厚网上能力的合作伙伴是进一步开发集团业务的最佳方式。该公司与苏宁等若干第三方就潜在合作所进行之讨论仍属非常早期阶段，现阶段没有就任何有关合作架构或条款展开实质性讨论，初步讨论仍在进行中，且第三方不包括阿里巴巴和腾讯，但不排除与任何大型线上平台展开合作的可能性。

后来，在2017年11月20日，阿里巴巴收购大润发以后，此事就不再被业内提起。如今，大润发与苏宁达成战略合作，既在意料之外，也在意料之中。

意料之外的是，苏宁与阿里虽然是互相持股的股东，但是最近苏宁想自立门户自成一派的目标很明显。首先，苏宁并未跟随阿里的新零售，而是独自提出"智慧零售"概念；其次，在业务和投资上，苏宁从2017年开始一直广邀盟友，入股恒大、万达，收购迪亚天天，定制了未来三年开设1万多家、2000多万平方米的多种业态互联网店面的宏大目标；最后，在行动上，苏宁两次卖出手中阿里股票，共计从阿里获利88.51亿元。这分明是要与阿里越走越远的意思，此时与阿里旗下的大润发结盟，出人意料。

意料之中的是，既然去年苏宁也跟大润发谈过，那么大润发的业务对于苏宁应该是有所补充。大润发被阿里收购后，就一直紧跟阿里步伐，接受阿里的新零售改造。而苏宁与阿里一直是互相持股的大股东。这样看，就很合理了。

美商社创始人王鹏辉认为,这次合作显然是阿里在推动,先是推动盒马与大润发合作,再推动苏宁与大润发合作。除了在渠道和供应链端的整合优化,更重要的还是为了推动阿里的新零售,不管线下线上的流量都融入一个池子,通过人(流量)、货(供应链、物流)、场(线下和线上)的全方面改造,以此来提高零售的效率。

其实,今天在谈论大卖场的时候,很多人潜意识认为大卖场主要是卖生鲜和日常消费品的,而忽略了家电3C品在一个综合性大卖场的市场份额。当然,大部分国内大卖场的家电做得不好,但是内部数据显示,在高鑫旗下的大卖场无论是大润发品牌还是欧尚品牌,门店3C家电的销售占该门店总销售的20%左右。高鑫财报显示2017年营收1023亿元,那么家电3C品的销售就有将近200亿元,这个是不能忽略的数字。

从合作条款上看,此次战略合作采用联营模式,内容包括以下两个方面。

① 苏宁向大润发门店的家电3C专柜,提供供应链集中采购的货物,以及苏宁在家电3C市场上多年积累的经营能力和市场经验。

② 未来大润发门店的家电3C专柜,将与同城苏宁门店保持一致的价格和促销力度。

也就是说,苏宁给大润发供货,大润发门店的家电3C品类的商品和价格与苏宁门店保持统一步伐。

事实上,国内多数大卖场不做或者不重视家电3C品类,其中一个很重要的原因是大卖场的客群要求其销售的家电产品不能太高档,价格不能太贵。本来就是低毛利的家电产品,中低档品类利润更低,且家电厂商都是财大气粗,一般的大卖场没有能力与之议价。大润发虽是大卖场一哥,怕是在议价和利润方面也有巨大压力。

而苏宁作为家电零售商的龙头企业,在议价和货源方面的能力毋庸置疑。同时,因为苏宁易购的门店很多时候同大润发在同一商圈,价格上存在竞争关系。另外,在消费升级的推动下,苏宁易购的市场多在中高端。

互联网分析师杨世界认为,苏宁之前与阿里合作过,现在与大润发合作,算是触角延伸，夯实3C领域市场份额，与京东展开竞争之势，毕竟苏宁在3C领域的合作伙伴还是比较具有先天优势的。宏观上来看，算是阿里系正面对抗京东的一大步，3C具有周期短、市场消费强烈的特点，在消费者领域的品牌侵占性还是很有优势的。

因此，简单地说，苏宁与大润发的合作，大润发拿到了家电3C渠道的货源，苏宁拿到了更多的市场份额，也避免了同大润发的直接竞争，而阿里则是在系统内夯实了算是竞争对手（京东）大堡垒的品类。

第 11 章

新零售集锦：
从案例中探寻零售新策略

随着新零售对零售行业的冲击力度加大，线上纯电商举步维艰，线下传统实体零售店又难以赓续，此时的我们应该顺应时代的潮流，积极探索并融入"新零售"。但是我们应该怎么去探索和融入"新零售"呢？苏宁、盒马鲜生不失为有价值的参考案例。

11.1 大润发优鲜开业，上海新零售卖场战局再起

2017年7月7日9点，由大润发打造的生鲜O2O项目"飞牛优鲜"正式上线，十多天后，"飞牛优鲜"正式更名"大润发优鲜"。这是大润发继"急速达"后，向"新零售"发力的又一动作。第三方数据咨询公司数据显示，截至2019年底，大润发优先依然在稳步增长之中，在生鲜电商APP中月活跃人数排行第三。

大润发优鲜有独立的APP，但飞牛网账号可直接登录大润发优鲜，进行在线购买，1小时左右就能收到购买的商品，顾客也可以在线下直接购买。

大润发优鲜包含5000个SKU，主要以生鲜食品为主，经营品类涵盖生鲜、进口食品、日用百货、快消等品类。在商品选择上，大润发优鲜均选择满足家庭日常生活需要的品类，对部分品类进行了选品升级，引进了更多进口、中高端商品。

首家大润发优鲜是在大润发杨浦店内改建上线的，门店展示部分与大润发杨浦店重合，以店为仓，从前端拣货到后库的装箱，都是由物流带来传送，这套设备在传统大型商超使用尚属首次。

大润发优鲜接到顾客订单后，工作人员会根据手中的拣货PDA（掌上电脑）指引，把货架上标准化、独立包装的商品装袋，再挂至运输系统，自动运至后仓配送人员手中。大润发有关人员表示，此举是为了实现传统的商超业态的消费升级，把曾经流失的年轻人重新拉回线下。

（1）大润发优鲜的特色

① 1小时急速送达。大润发优鲜配送系统主要以自有物流——飞犇物流为主，同时采用与第三方合作的模式，门店3千米范围内1小时送达，最快可以做到30分钟送达。可配送热食、常温和冷链等全温区商品。

② 食材升级。大润发优鲜聘请星级大师傅主厨烘焙，另外香肠、面点和

法罗群岛无污染原产地直供的冰鲜三文鱼均是其特色。

③ 不限定支付方式。与盒马鲜生不同，大润发优鲜不限定支付方式。大润发优鲜APP目前支持微信、支付宝、飞牛网购物卡几种支付方式。

（2）大润发优鲜的优势

① 供应链。大润发一直与近千个品牌商保持良好关系，特别是在生鲜商品上，一直拥有强大的杀伤力。"从采购的规模来看，我们原来一年的生鲜采购量有200多亿元，200多亿元的采购量与2000多万元的采购量当然不同。现在加上大润发优鲜，我们在原有的基础上又增加了10%的采购量，20多亿元。当没有量做支撑的时候，供应商对商家没有信赖感，不会给最优的资源，商家也不可能拿到最优惠的价格。而我们可以做到足够大的量，这些都会变成实惠和便利，惠及我们的顾客。"飞牛网联席CEO袁彬说。

② 生鲜损耗把控能力。大润发通过制度设计，将损耗率常年控制在千分之二至千分之三，远低于同业的千分之十。大润发优鲜在成本控制上拥有很大优势，生鲜水产的成本损耗应该比同类型门店低很多。

③ 人才。大润发拥有20多年的经营积累，飞牛网从2013年至今也有多年的经营经验，储存了大批量的大卖场和互联网专业人才，培育出了多品项商品的管理能力。从采购经验来看，大润发优鲜专业的采购团队有着丰富的采购经验，对商品品质的把控能力强，也非常了解当地消费者的消费习性。

④ 可复制性强。依托大润发架构起来的大润发优鲜，全国网店的均衡分布也是一大优势。在这一点上，袁彬表示："比如盒马在上海有8家店，可以覆盖上海市场，但是在外区还需要重新选址、建立门店、设立网点。生鲜的供应商也不是全国发货，必须去当地的各个基地找。而飞牛优鲜（大润发优鲜）借助大润发的资源优势，在当地都具备了团队、供应链基地，我们只需要整合、改造，而他们是要凭空创造，我们更具复制性。"

（3）未来发展形态及可能

未来大润发优鲜会有独立门店，面积会有3000~5000平方米。这种模式跳脱了传统商超需要营业面积大、车位多等限制，单店经营面积不大，更容易进驻市中心区域、购物中心等地方。

2020年3月，高鑫零售再次公布了其线上1小时到家服务数据。数据显示，大润发线上生鲜平台"大润发优鲜"APP吸引了不少新用户，仅在2月，新注册用户数环比增长了105%。在门店方面，早在2018年3月开始，大润发新零售改造正式启动，到2018年年底，全国近400家大润发门店陆续完成新零售改造，接入线上运营布局中。改造后的门店全部实现了大润发优鲜的功能。

将来的大润发优鲜也可能会有两种版本：精锐版和混合版。一方面，在中心区域、购物中心的地段，年轻白领等人群的餐食需求很大，购买力也很强。大润发优鲜会以独立店面的形态出现，打造精锐版本。另一面，选择符合大润发商圈定位的既有门店进行改造，不会脱离卖场，会在商超的基础上加入大润发优鲜的元素，打造成混合版的新业态。

（4）上海新零售卖场比拼

大卖场的变革仍在继续，而新式大卖场的格局还未见端倪。经过质疑、发酵、讨论后的大卖场仍在进行新零售变革。阿里盒马鲜生、永辉超级物种、美团掌鱼鲜生、京东新零售门店相继曝光。目前，上海市场已经有盒马鲜生、百联RISO、大润发优鲜的加入，标志着上海新零售卖场战局的开始。

下面初步比较这三家，看看各方优劣。

① 拣货方式。RISO门店顶部并没有安装传送带，在线下单，拣货还是依靠人工拣货运作，其拣货、发货速度会有一定的限制，不大可能做到"10分钟快速拣货装袋运输"。

② 就餐时间限制。RISO门店晚市开放时间为17：00~20：00。RISO在就餐时间上加的限制，让客流的留存度大打折扣。大润发优鲜首店尚无餐饮配

置,但之后的独立门店会有餐饮配置,不会设置餐饮供给时限。

③ 配送。RISO提供基于门店周边3千米的到家配送服务,但没有承诺配送时间,盒马鲜生承诺半小时、大润发优鲜承诺1小时急速达。

④ 收银及支付方式。RISO支持现金、支付宝、微信、银行卡、百联储值卡等多种支付方式。值得一提的是,为了节省顾客时间,RISO店内任何一个带有独特标识的员工皆可提供收银服务,无需去收银台排队。

⑤ 体验区。RISO加设书吧,集"超市+餐饮+书籍+音乐"为一体,舒适度较盒马鲜生有很大提升,盒马鲜生无书吧类设置。大润发优鲜表示,第二家店开始的独立门店将会有"+餐饮"模式。

(5) 新零售卖场的未来

在传统大卖场走向低谷后,新零售大卖场开始喷涌而出,进入了激烈竞争时期,但真正的未来还需时间验证。联商网董事长庞小伟认为,类似于盒马的这种新式卖场还是有互联网的流量思维在支撑,虽然开得很多,但还不能取代传统业态,现在的它们还只是在创新中探索,未来需要时间来检验。

在经历了多年的激烈竞争后,新零售战场上,巨头们集体转向。

一方面大卖场们仍旧无法摆脱高昂的物业成本和店面装修成本,挤压了原本就不高的零售行业标准利润,导致难以盈利的现状。为了生存下去,新零售们转而进入以前置仓为依托、低投入高扩张的"买菜"市场。

2019年1月,美团对外宣布"美团买菜"开通业务测试,其第一个线下服务站位于上海市虹口区。3个月后,盒马鲜生APP在上海地区悄然上线了"平价菜场"新频道,随后,盒马CEO侯毅在朋友圈回应称,将在盒马门店内开设300平方米的前置仓,专门在线上销售平价菜。苏宁小店也在周期宣布,将在小店APP平台上线"苏宁菜场"模块。于是,生鲜电商迎来第二春。

另一方面,以阿里、腾讯为首的互联网巨头们开始利用先进的互联网技术和实体零售数字化基础薄弱的特点,推出帮助零售行业数字化转型的服务,如阿里的商业操作系统、腾讯的产业互联网。

至此，新零售2.0时代到来。

11.2 苏宁体育集团旗下首家苏宁彩票智慧门店亮相南京

2018年6月26日，苏宁体育集团旗下首家苏宁彩票智慧门店在南京开业。

苏宁方面表示，随着俄罗斯世界杯的升温，球迷的竞彩热情空前高涨，开赛一周后，国内体育彩票销量就迅速突破100亿元，各家体彩实体门店成了球迷和彩迷欢乐的海洋。正是在这样的背景下，苏宁体育集团结合自身在体育产业布局和连锁零售方面的优势，在江苏省体彩中心和南京市体彩中心的支持下，为广大体育爱好者和彩民量身打造了全新体验的智慧彩票门店。

据了解，彩票智慧门店占地面积为160平方米，从整体设计和布局来看，以苏宁体育蓝为主色调，整体上突出了整洁、舒适和明亮。店内设有销售区域、商品展示区、竞彩展示区、电子走势区、VIP区和综合区等多个功能分区，针对彩民的消费场景，提供优质的购彩体验，满足彩民的全方位需求。

在苏宁彩票智慧门店，用户在门店内可以通过中国体育彩票APP下单，生成投注二维码后在门店内扫码出票；可以通过门店内设置的有人值守自助终端自主进行购买，并可以在商品展示区、竞彩展示区、电子走势区、VIP区等进行互动；也可以使用苏宁金融提供的苏宁支付在门店内进行非现金投注。在店内，苏宁品牌旗下的相关产品和服务，以用户体验为中心，构建了集合场景化、智能化、个性化的零售闭环体验。这是苏宁体育在智慧零售上的全新尝试。

苏宁彩票智慧门店希望聚合门店附近3千米范围内的球迷、彩民和其他顾客，将苏宁彩票智慧门店打造成为以体育彩票销售为核心的综合性体育休闲场所。门店开业后，会定期邀请行业专家和体育大咖到店进行培训互动。如遇比赛日，门店内还会组织观赛活动，依托PP体育的版权及内容优势，聚集球迷群体观看世界杯、欧洲杯、五大联赛的精彩赛事，以此加强用户的互动性和社交性，并逐渐形成用户黏性。

据了解，体育彩票一直是众所周知的蓝海市场，2017年中国体育彩票年销量再创历史新高，首次突破2000亿元，而江苏省的年销量也首次突破200亿元，成为销量最多的省份。同时，中国拥有近1亿的彩票用户，属于彩票销售大国。随着体育彩票销售额的快速增长，体育消费市场的发展空间也进一步扩大。而在体育领域频频布局的苏宁，也希望通过智慧零售的赋能，提升该领域的服务体验。

苏宁体育集团相关负责人在谈到彩票智慧门店时表示："近年来，体彩实体门店的智慧化、数字化改造已经成为体彩管理机构重点关注的课题，苏宁体育集团希望借助在苏宁彩票智慧门店上的尝试，为中国体育彩票实体门店的转型升级实践出一条可行之路。"

此外，苏宁彩票智慧门店还整合了苏宁体育旗下江苏苏宁和国际米兰两家足球俱乐部的资源，在门店内设置了苏宁足球俱乐部的特别展示区和国际米兰文化墙区域。相信苏宁彩票智慧门店很快会成为这两家俱乐部球迷新的"朝圣"之地。

11.3 丁磊再次加码线下零售，网易严选首店落地杭州解百

"千呼万唤终出来"，2018年12月18日，传言多日的"网易严选"的全国首家线下店在杭州西湖畔解百商场正式开业。2019年6月13日，网易入选2019"新国牌时代"网络口碑排行榜，并名列榜首。

据了解，该店面积300平方米，以"新中产生活样板间"为设计命题，由前畏研吾工作室成员、日本设计师田付龙吉设计，位于杭州解百商场一楼，主要有杂货区和深度体验区两个功能分区。作为首家线下门店，网易严选希望打造一个全场景化的体验新空间。

从正式上线到第一家线下门店正式开业，网易严选走了2年多，同行淘宝心选花了1年时间，而苏宁极物直接从实体店开始。"慢了一步"的网易严选首店将给行业带来什么惊喜，下面从开店、选址、设计、商品、运营这几个方面一一展现。

（1）开店缘由

作为一家纯线上精品电商，网易严选无疑是做得不错的一个。在艾媒咨询发布的《2018中国新消费专题研究报告》中，网易严选以52.1%的用户了解度列精品电商之首，超越小米有品、京东京造和淘宝心选等。然而，线上尚有广阔空间，为何此时突入线下。

网易严选CEO柳晓刚在开业现场表示，从一开始严选的业务规划就十分清晰，线下布局也早在规划之中。据了解，网易的线下规划包括与外部平台联合做品牌空间和自己的线下品牌店两个方面。

在与外部平台联合做品牌空间方面，在过去2年的时间里，网易严选一直在探索，如今已经打造了如亚朵酒店、水屋等50多个线下场景化空间。

而线下品牌店才正式开始。网易严选线下业务负责人叶树树表示，此时开店主要有两方面原因：其一，网易严选现在已有10大品类近2万多个SKU，丰富的品类促使我们觉得应该往线下，让我们的消费者有更好的实体体验、有更多的感知、有更多的触觉；其二，我们认为作为一个完整的零售品牌，一定会有线上线下双重的布局，这是把我们相对完整的品牌更好地渗透到目标人群当中很重要的一步。

（2）选址解百

实体店选址颇为重要，特别是首店尤为关键。一方面，首店尚不完善需要不断调整，需要选择距离自己总部近的地方；另一方面，首店也承担着测试重任，对业绩有一定要求，需要选择人流大核心的地方。

网易严选选择的解百在杭州西湖旁边，是杭州的老牌商场，拥有近百年历史。虽然不像杭州新开的嘉里中心、万象城那样年轻时髦，但地段优越，靠近西湖，处在杭州核心的湖滨商圈，盒马鲜生也在这里开了一个近万平米的门店。

叶树树表示，网易严选首店选在解百，除了这个商圈是杭州最核心的湖滨商圈以外，还希望我们这样一个新兴的零售品牌能够和传统的零售空间做一些融合，吸收老一辈的商业经验，带领我们这些新的后辈更好地发展。

从具体位置看，网易严选线位于解百商场一楼，店面临街，旁边是主力店HM和优衣库。显然，解百对其支持力度足够。

（3）设计新潮

不同于传统门店以零售为主的设计思路，作为一个电商品牌的首家线下店，网易严选线下店将场景体验放在了一个非常重要的位置，体验区占据了店铺约二分之一的空间面积。主设计师田付龙吉从"构建有趣的商品呈现与体验"的初衷出发，将体验区分为数个具有连续性、逻辑性、贴近真实生活的"家"场景，为新中产群体创造拥有归属感的空间。

为了提升店铺的体验，严选首店围绕用户感受重新设计了一套商品陈列逻辑。沿街一侧的橱柜展示生活场景；从外到内的展示台按照用户的视线顺序，进行了高低有序的多层次设计，用户可一眼看到90%的展示品；甚至连展示台和货架上的商品摆放角度、高度都经过反复调整，创造令用户舒适的视觉购物体验。

严选墙则是另一个设计亮点。设计师将严选商品进行了抽象与实体相结合的展现，艺术加工处理后悬挂在空中。这一种兼具艺术张力与商品展示力的表达方式，成了让用户一眼就记住的严选线下IP元素。

（4）商品精选

据了解，在网易严选的开店规划里，300平方米大小为标准店，800平方米以上的是旗舰店。

据网易方面介绍，首家店还承担了网易严选品牌打造线下样板间的任务。

在这家300多平方米的标准店里，容纳了近2000个SKU。首批上架的均严格执行严选"好的生活，没那么贵"的品牌理念。通过对湖滨商圈用户属性的调查，严选精选了严选APP评价超过2万条的爆品。种类覆盖十大产品品类，涉及衣帽、鞋履、箱包、家居、餐具、电器、彩妆、零食、洗护等，还包括网易智造、网易春风系列。

（5）一体化运营

值得注意的是，网易严选首家店由严选技术团队全力打造的一体化零售体系，通过一整套的前后端零售管理系统，实现线下店与线上的价格、会员账号、库存数据、售后服务的全面互通。

价格一致： 严选首店全面引用汉朔电子价签，后端打通严选线上主要营销接口，全天候同步线上价格的运营更新，实现线上与线下价格的实时同步。

订单同步： 严选线下店与线上系统实现订单同步、权益共通、售后无忧。在网易严选首店，线下产生的订单也能同步到用户严选会员账号中，方便用户随时查看；用户可在线发起快捷的线上退换货的售后请求，未来还可实现跨店、跨区域、跨城市省份售后服务。

库存互通： 网易严选线下店通过与严选大仓的库存互通，享用整个严选完善的供应链体系。如果用户想在线下店购买的某款商品店内缺少库存，店内可提供线上购买快速送货的服务，减少用户下单缺货的情况产生。

智能导购： 在店内，网易严选还提供一系列智能化导购体验。例如，店内大屏会抓取热销产品的线上用户的评论，方便用户选购心仪商品；定期同步线上"网易CEO丁磊的好货日记"推荐单品，与现场用户分享有品味的严选好物；季节性推出体感接红包等互动营销活动，让用户享受在门店购物的乐趣。

2018年11月15日，网易发布Q3财报，数据显示网易2018年第三季度净收入168.55亿元人民币，零售业务实现营收44.59亿元，零售业务占比达到26.4%，比2017年Q3的21.38%提高了5个百分点。2019年第一度网易净收入为183.56亿元，同比增长29.5%。对于网易来说，未来增加零售业务已成必然，这里包含着丁磊再造一个网易的目标。

因此，网易严选首家线下店承担了更多的期望。据了解，作为网易严选的标准店，网易严选首店也将为未来网易严选的线下零售业务，包括更高级别的旗舰店输出业务模型。叶树树透露，严选将会从这家店出发，以杭州为出发点，辐射一二线城市。未来，网易严选的线下直营店将与其他线下渠道共同组成网易严选的完整线下矩阵。

数据显示，截至2019年底，网易严选在杭州、天津、苏州、北京等地共有22家门店，在原有门店的基础上，还开出了网易严选生活馆以及"Watson+网易严选"等新型门店。

11.4 盒马鲜生落地杭州，首次同时向5家传统大卖场开战

2017年9月28日，盒马鲜生杭州首店开业，首店地址在杭州市拱墅区台州路2号运河上街购物中心B1层，面积约5000平方米，除去仓库和厨房，正常营业面积有3000平方米。在正式开业前，这家店已经从9月上旬开始在线上试运营了近半个月。这家店的落地，标志着盒马正式来到阿里巴巴大本营。2019年6月18日，阿里巴巴集团CEO张勇宣布阿里巴巴新一轮组织架构，其中盒马鲜生正式独立成一个事业群，这标志着盒马鲜生从一个创新事物升级为独立的组织群。

（1）与传统大卖场开战

3000米是盒马的承诺配送范围，同样也是其势力覆盖的范围。曾有业内人士分析，盒马在3000米范围内将是霸主的存在。杭州店的这个范围内存在2家世纪联华、2家永辉超市、1家欧尚超市共5家传统大卖场，其中最近的世纪联华运河广场店与盒马只有一条马路之隔。这就意味着盒马将首次向传统大卖场

进攻，也同时会迎来五家大卖场的反击。

（2）传统大卖场的背景

欧尚超市大关店是法国欧尚集团在中国的第五家门店，总面积2万平方米，其中营业面积9000平方米。经过长达14年的运营，商圈内顾客群体稳定，目前年总营业额约为含税4亿～5亿元，在欧尚系统排名前十。

据悉，生鲜向来是欧尚超市的堡垒商品，作为吸客利器，欧尚内部非常重视。同时欧尚母公司高鑫零售目前占据国内大卖场行业头把交椅，以单店产出高、战斗力强著称。欧尚正式进驻京东到家后，同时与美团、大众点评合作，开始送货上门服务。

运河店与盒马鲜生只有一条马路之隔，是世纪联华首家"超市+精品百货"相结合经营模式的大卖场，经营已经十多年，拥有一大批忠实顾客。而北城天地店总面积1.5万平方米，是世纪联华在杭州少有的综合性大卖场。世纪联华隶属于杭州联华华商集团，近年来一直致力于新零售变革，曾推出首家"鲸选未来店"，同时所有门店上线"鲸选到家"服务，承诺一小时上门服务。

永辉超市登云店、远洋乐堤港店在永辉的门店序列中属于"BRAVOYH"精品超市，以生鲜商品强势著称，营业面积均为5000平方米左右。永辉超市更是以生鲜产品为攻城拔寨利器，早就与京东达成战略合作，旗下超市全部上线京东到家，为顾客提供上门配送服务。

（3）盒马的优势

据了解，盒马鲜生在门店选址时会考虑各种因素，比如，商场的人流量、附近手淘用户量、项目审批速度等。运河上街店是拱墅区重要的商圈，商场本身每天自带四五万人的稳定客流量。同时作为支付宝的会员店，附近阿里体系内的用户多少也是重要因素。

此外，盒马承诺在配送范围内的订单均在半小时内上门，而其他几家虽然提供上门服务但基本上达不到半小时上门。同时，盒马提供食材加工及餐饮服务也是这几家竞争者所没有的。

盒马鲜生作为阿里巴巴新零售项目的一号工程，马云及张勇亲自站台，对其寄予厚望，在一定时间内阿里将不惜投放各种包括人力、资金、流量等资源支持，使得盒马在接下来的争夺中拥有大量弹药。

（4）谁将是胜利者

从基本面可见，永辉、世纪联华、欧尚三家均是国内领先的传统大卖场，在供应链和人员方面有着自己的优势，同时这些年都在不断变革。目前，它们与盒马一样，均提供生鲜和送货到家服务。其中，欧尚和世纪联华在该区域经营超过10年，拥有大批的忠实顾客，欧尚的营业额更是在这个地区遥遥领先。永辉在生鲜产品方面拥有传统优势，而且永辉的超级物种正在各地攻城拔寨，实力不容小觑，在未来的争夺中永辉或许会将超级物种引入。

可以预见，在接下来的时间里，这个区域将会上演激烈的市场争夺战，谁将最先退出，谁将活到最后，无论如何对于盒马还是任何一家大卖场都具有重要意义。

11.5 卡西欧开了首家智慧型门店，把天猫专卖店搬到线下

2016年底，天猫全球首家全渠道智慧型门店在杭州湖滨银泰in77的卡西欧试点正式落成。作为卡西欧手表中国最大的代理商，络克（杭州）贸易有限公司董事总经理应连平最近异常繁忙，他成了钟表界的"网红"。

一个6平方米的小店融合了互联网技术和思维，实现了实体门店与虚拟天猫旗舰店的无缝对接。通过游戏互动增强顾客体验并实现引流，顾客可通过互动大屏幕自助购物，还可收集店内顾客行为数据支撑商家决策。

据了解，开店两个月通过游戏互动引流已经达到1万多人次，每日客流已

达300人次，月订单量200多单，月销售额20万元。这家店是手表行业探索走向新零售的代表，吸引了众多目光。2017年1月，应连平和技术团队无锡创思感知科技有限公司营销总监李刚接受了联商网采访，内容如下。

（1）曾想过要退休，但互联网带来新动力

应连平的公司已经经营二十多年，一直采取传统的开店方式扩张。目前在二三十个城市有一百多家店。虽然在天猫上很早就开了店，但一个月平均也只有两万元的营业额。

依靠原有的经验模式——在中国优质的城市和百货商业区不断地开店，应连平的生意不断增长。但是，随着新零售的不断冲击，销量开始出现下降。面对下跌的生意，应连平常常安慰自己，不是团队不努力，是市场变了。

后来应连平听天猫团队介绍电商，于是他从下半年开始，专门组建了一个团队，大概用了12个月将营业额做到298万元。"技术的应用带来了显著的成效，直接拉动了销售，每个人都为之兴奋。"应连平兴奋地说。

通过与天猫的频繁接触，应连平的观念发生了重大变化，渐渐有了开一个融合线上线下的智慧型门店的想法。他认识到，互联网跟传统零售不是对立的，不是电商抢了线下生意，而是市场和消费者习惯变了，互联网现在是一个基础工具。

（2）实体店与线上渠道无缝对接，不再割裂线上线下

智慧型门店内的两块互动大屏把卡西欧天猫专卖店和线下的门店做了无缝对接和关联，给消费者创造了一个全新的购物场景。门店通过游戏互动的方式吸引顾客进店，同时利用阿里的线上线下的大数据分析，收集顾客参与游戏的相关数据，支撑客户洞察；顾客扫描购物大屏上的商品二维码后，手机页面会直接跳转到卡西欧天猫专卖店上的相同单品页面。虽然很多客户不会当场下单，但在顾客回家后在电脑上或在APP上再下单，都可以追踪到这个数据是来自于这家门店。

卡西欧智慧门店的做法使线上线下互相融合，业绩可以追溯属于线上或线下，这种方法就避免了线上线下的冲突，提升了品牌总量。

（3）英特尔联合创思感知，背后的"三朵云"支撑

这家门店之所以被称为智慧型门店，主要是有"三朵云"支撑，分别为游戏云、购物云、行为分析云。游戏云主要是帮助门店吸粉，增加转化率；购物云打通线下线上，实现全渠道的融合落地；行为云收集消费者行为数据，为决策提供依据。

无锡创思感知科技有限公司营销总监李刚表示："集合三朵云的智慧门店方案，加上英特尔先进的计算能力、物联网架构、图形交互技术、视感技术等，我们就可以帮助实体零售转型为全渠道智慧型零售。"

零售行业购物流程分为进店前、进店中、进店后。基于英特尔的硬件基础架构支持，商家在通过互动游戏吸引路过消费者的同时，把促销信息也传达给消费者。消费者进店后，依靠视频分析、Wi-Fi探针等物联网技术以及后台的大数据分析平台，商家可以知道有多少人经过这家店，经过店的顾客有多少人进了这家店，进了店里之后分别关注哪些区域——是关心A货架、B货架，或是在购物屏上购物。基于对消费者行为的洞察进行精准营销，让商品总体门店的成交量再进一步提升。

全渠道零售追求的绝对不仅仅是体验的提升，还有通过对数据的捕捉、存储、分析支持业务需求和转型，实现真正的打通和融合。

（4）未来有个"百店计划"

这家店的开设得到了卡西欧的全力支持。应连平表示，"未来，我们在考虑一个'百店计划'，我希望在创思感知、英特尔、天猫这样致力于技术创新的公司的支持下，我们共同推动这个计划在中国落地。"

而对于李刚来说，在卡西欧这间智慧型门店中，基于英特尔架构的标准化软硬件方案，帮助卡西欧实现了快速部署。谈到未来的合作，李刚表示，"创

思感知还将与英特尔深度合作，优化整体软硬件架构，通过制作'标准化，拿到即用'的方案，帮助零售业用户快速部署，快速实现业务价值"。

11.6 首个天猫汽车无人贩卖机落地广州，买车就像买可乐一样

"买车就像买可乐一样的"——无人汽车贩卖机大楼真的来了。

2018年3月26日，天猫汽车无人贩卖机大楼在广州正式对外开放，该项目是福特汽车与阿里巴巴合作的首个汽车项目。

2018年9月，阿里巴巴与福特在新互联网汽车领域展开合作；阿里巴巴与BOSCH就自动代客泊车服务展开合作。

这座带有巨大天猫标识的钢结构大楼坐落在广州白云区5号停机坪商场附近，占地近1000平方米，整栋大楼配备智能升降系统以及完善的身份认证系统，一次性最多可容纳42台车，消费者可实现"刷脸"自助购车及3天的深度试驾。

与传统购车不同的是，天猫汽车自动贩卖可以通过以移动支付、人脸识别和自助服务等线上线下相结合的形式，向消费者提供更便捷的试乘、试驾体验。

消费者只要打开手机淘宝或天猫，输入"超级试驾"即可在线完成预约。天猫汽车依据消费者的芝麻信用分和淘气值来给予不同程度的试驾费用和购车意向金优惠。消费者在试驾结束后返还车辆，而有购买意向的消费者可至当地福特授权经销商店进行付款提车。如最终达成购买交易，试驾费用可返还给消费者。

天猫方面表示，消费者在试驾后想购买车辆，有3种方式。

① 广州当地4S店工作人员会在试驾后联系顾客。

② 顾客也可以直接去4S店购买，带上超级试驾的宣传单页，可享受上面

的独享优惠。

③ 顾客也可以在天猫福特汽车官方旗舰店支付购车定金,并到线下4S店支付尾款。

据了解,一个人在活动期间可以试驾两次,而试驾的费用根据车型和芝麻信用分成98和198两档;另外,芝麻信用分在700以上或者天猫超级会员免费试驾。

自2017年7月1日,商务部发布的《汽车销售管理办法》正式实施以来,汽车只准在厂商授权的4S店内销售的格局就被打破。国美电器已将大部分门店中的一层改造成为汽车展厅,布局销售电动汽车。华润万家陕西宝鸡经二路店开始销售汽车。苏宁易购首家汽车超市在南京开业,目前已经入驻成都、济南,并成立汽车公司。京东收购淘气档口,进军汽车B2B业务。加上此次天猫汽车自动贩卖机的落地,汽车销售的未来将出现多元化格局。

2017年7月,中国汽车流通协会副秘书长郎学红在接受采访时曾表示:"从上半年的库存指数来看,4S经销商预警指数一直高于警戒值,如果说上半年的汽车市场多了一丝愁云,那么今天汽车超市、汽车电商等新的销售渠道的出现则为汽车市场带来了光亮,将为整个汽车流通领域打开新的格局。"

在自动贩卖机的扩张上,天猫汽车事业部总经理俞巍表示,自动贩卖机的"基建"是开放给整个行业,赋能经销商,从而共同推动整个汽车行业的升级发展。

11.7 联想首个新零售门店智生活开业,会成为行业独角兽吗?

2018年2月,联想首家新零售门店——联想"智生活"在北京金源燕莎购物中心开业,吸引了业界关注。

自2017年5月,刘军回归担任联想集团执行副总裁兼中国区总裁以来,联想中国区发生了深刻的变革，而新零售领域的布局也是刘军主抓的重要方向之一。他曾提出，联想的新零售布局要以客户为中心，向着线上线下全渠道、一体化、数字化、智能化方向变革，联想专卖店也要从单纯的IT专卖店转型为新零售门店。其中，联想"智生活"直营店开业，正是这一战略部署的落地实践。

（1）由IT专卖店到新零售门店

130平方米的店内除了四周商品陈列外，还拥有一个中岛区域，分布了时尚潮玩、商务精英、运动健康、游戏达人四大主题产品区。商品覆盖智能家居、智能穿戴出行、全场景娱乐等领域。产品种类也极其丰富，除了联想的自有品牌以外，还包括联想赋能品牌产品和联想智选品牌。

据工作人员介绍，目前展陈的商品品类达400多个，未来线上线下商品品类总数将超过1000个，且有专业选品团队严苛把关。

店内所有商品的价格均通过店内的水墨价签来显示。据联想智生活相关负责人介绍，水墨价签是该店的特色之一，通过水墨价签，店内产品售价和会员折扣价均可直接连接到营销系统，并可通过后台实现一分钟内全国统一调价。消费者只要扫描价签二维码，即可查看各类产品详情并能进行实时分享，而店面销售人员也可通过"水墨价签"的条形码，获得所有就近店面和仓库产品的实时库存。

同时，店内还有一个O2O在线大屏，店内找不到的商品，顾客可以通过这个大屏幕在线上寻找并下单。

新零售除了线上线下一体化的变革以外，最显著的就是服务体验的变化。在未改造前，这家店已经在金源燕莎购物中心开了三年，经过这次改造，联想一举将传统销售模式改变为"吸引顾客到店体验-产生需求-购物"的崭新销售模式。

据店员介绍，除了场景搭建外，店铺中几乎所有的联想自有产品都可以进行个性化定制。在"厉害了，新一代PC！联想新一代PC及数字生活体验区"

中，联想还专门展示了最新潮的AR和VR设备，尝试体验的顾客络绎不绝。对此，天禧传奇科技有限公司CEO周铭表示，联想不太想做插线板、充电宝的场景，而是想做人工智能方面高端的用户体验场景。

联想智生活店员表示，在联想智生活店内，会员实现了线上线下打通，可以享受5千米的精准区域服务，包括软件培训、免费设备保养、免费咖啡、免费充电等服务。联想还将为客户提供全定制化产品、千人千面智选与推送服务。

（2）联想的挑战与机遇

经过2017年全年线上巨头对线下的渗透动作，线下实体门店的价值逐步显现，新型的有特色的实体门店越来越得到顾客的喜欢，企业也通过重拾线下渠道来获得增量。联想此时顺势而为，拥抱变化，进行新零售变革，无疑是正确的战略决策，但在这个变革中挑战与机遇并存。

联想的巨大优势就是，其在国内已经拥有超过10000家线下门店渠道。同时，经过20多年的耕耘，联想建立了国内最完善的售后服务体系，拥有2400多家线下的服务站、超过1万名的专业联想客服人员，并引入了AI技术、机器人7×24小时在线服务。更不要忽视的是，联想在这些线下资产背后还拥有20多年零售管理、运维经验。这些都是难能可贵的势能积累。

然而，联想原有的线下门店及基础和渠道体系能否快速适应新零售打法，在新零售转型的过程中能否实现自身的快速转型，对联想来说也是一个考验。同时，做科技、人工智能高端用户体验场景，背后对数据和产品研发迭代速度要求很高，这对联想来说也是一个新课题。

联想集团副总裁、中国区消费业务总经理张华在接受采访时就直言，大数据智能选品就是联想目前面对的最大困难，过往的联想线下店铺很多都是产品导向，会员数据收集不足，导致数据统计方面有所缺陷。

（3）联想的新零售布局

据了解，目前联想新零售体系整体设计已初步搭建完成，并正式成立了联想控股新零售公司天禧传奇,由曾经联想最大的经销商周铭担任CEO。天禧传奇所承载的是联想新零售布局排头兵的重担。

2018年9月,联想智生活品牌升级为联想来酷智生活。截至2020年3月,来酷智生活拥有30家直营店、180家加盟店、550余家授权店。

这是一个庞大的商业目标,也显示了联想在新零售业务上的目标和决心。就如刘军在2018CES上接受媒体采访时所说:"新零售领域势必会冒出独角兽公司,如果天禧传奇业务进展顺利,联想或将很快孵化出新零售界的独角兽公司。"

这些不仅能够使联想现有业务获得增量,还将促使联想整体向智能化和数据化转型,领跑智能时代。

11.8 首家京东欧莱雅无人快闪店亮相,这将是京东无人店的桥头堡?

2018年4月14日,上海首家京东无人快闪店——"JOY SPACE"在南京西路亮相,这是继半个月前无人快闪店现身广州之后的第二站。2019年1月,京东还举办了京东无界零售快闪店年货节,表明京东对快闪店极具信心。

在广州的快闪店"JOY SPACE"中,京东采用自有品牌和八大品牌联合的方式呈现,而在上海换了一种玩法,京东联合国际知名美妆品牌巴黎欧莱雅开设了品牌定制场。

除此之外,店内还有AR试妆镜,消费者不用化妆就能直接体验在脸上变换妆容的效果,智能音箱"叮咚"可以导购答疑,所有的价签均采用汉朔电子价签。从进入门店到出门付款,全部都是"刷脸"模式。当出门时站在指定位置,机器会自动识别并完成电子化支付,这全套技术均由京东X事业部自行研发。

同时,京东也将JOY SPACE"搬"到了线上,实现了线上会场与线下活动的协同。在线上,京东官网专门打造了"裸眼3D快闪店铺",酷炫的视觉效果在提升消费者购物体验的同时,让全国的京东用户可以随时"逛"店而不受空间、地域和时间的限制。

在品牌方面,京东表示,所有的品牌都是利用大数据筛选出来的深受消费者喜爱的知名品牌,为线上会场定制多样化的商品池,满足消费者个性化的购物需求。

欧莱雅集团大众化妆品事业部商务总经理林晓表示,巴黎欧莱雅此次活动主题为"我就是我,我值得拥有",呼唤新生代大声喊出自己的态度,活出自己的值得,这与JOY SPACE的主题相符合。

事实上,快闪店是指在商业发达的地区设置临时性的铺位,供零售商在比较短的时间内推销其品牌,抓住一些季节性的消费者。近年来成为越来越多的商家选择的一种商业模式。据睿意德中国快闪店研究报告显示,2016年中国快闪店达到570个,并保持每年100%增长,预计2020年快闪店在中国将超过3000家。

另外,快闪店根据人格化的个性特征,还提供一个短期聚集消费者的效应,具有呈现速度快、部落特征明显、口碑效应足的特点。

京东集团华东区域市场营销中心总经理杨小梅认为,进入无界零售的时代,各种消费场景边界逐渐消失,京东推出JOY SPACE无界零售快闪店,就是积极打通各种场景的一种方式。

显然,京东在线下落地的过程中对快闪店这种形式颇为青睐,除了获得一定的营业收益以外,更多的是京东希望通过快闪店模式在短期内增加消费者对京东品牌的影响力。而以无人店模式呈现快闪店,也可以加速消费者对京东无人店的了解,为京东无人店后期落地创造条件。

据悉,自2017年10月首家京东X无人超市运营以来,截至2018年3月底,已覆盖包括北京、天津、烟台、大连、西安、宿迁等近10座城市。另外,京东X无人超市将快速实现在全国范围内上百家门店的落地运营。在2019年的中国国际大数据产业博览会上,京东X无人超市获选最佳新品奖。

京东快闪店负责人表示，无人快闪店的布局也是京东无界营销的一部分。京东在2017年提出了无界营销的概念，并认为2018年是无界营销的发展年，但并不是全面爆发的一年，一个新事物的推出，都需要一段时间的积累。

据了解，京东无界营销的布局，共分为3个方面。

第一，京东作为场景连接器，会继续拓展与优质头部媒体的合作。

第二，京东一方面继续推进2017年的大促联合营销、IP聚合营销、三四线城市营销等优势项目，另外一方面加强面向年轻人的校园新势力、广大的女性消费者营销布局。

第三，京东将联合厂商推出京东JOY联名款产品方面的IP营销。

在零售的新时代，"快闪"正在从街头行为艺术变成品牌营销的新手段。《福布斯》零售专栏撰稿人Deborah Weinswig表示，"我们认为快闪店是零售在未来的一种发展方向。它更轻巧、灵活，成本更低，与消费者的联结也更紧密，能够帮助品牌试验新选址、新产品、新的合作伙伴以及新的品牌升级路径。因为围绕它所传播的内容大多是由消费者所创造，我们也认为它能够很好地保持新鲜感。"

而京东方面则希望快闪店在营销赋能之外，还能成为京东为各品牌方提供品牌赋能的平台，通过这个快闪店项目，进一步让品牌方、零售商、媒体融合共赢。

京东表示，未来JOY SPACE无界零售快闪店将有多种模式亮相，除了综合场、品牌定制场，之后还会有品类专场、主题场等。

同时，针对商家自有的门店，京东将利用无界赋能的工具，进行联合快闪店活动，包括一些第三方快闪店运营公司也在考虑范围之内。